EXPOSITION UNIVERSELLE DE PARIS

1889

EMPIRE DU BRÉSIL

CATALOGUE OFFICIEL

Prix : 2 Francs

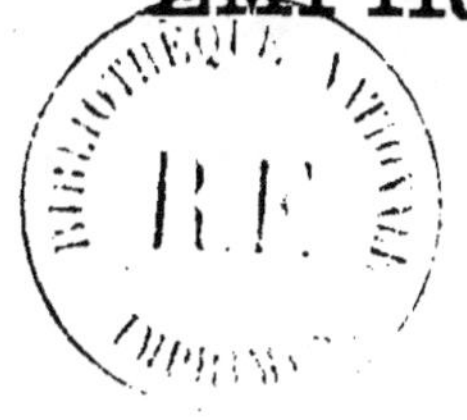

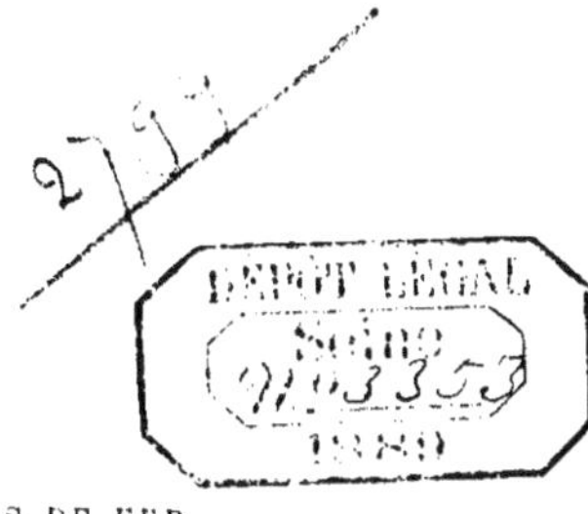

PARIS

IMPRIMERIE ET LIBRAIRIE CENTRALES DES CHEMINS DE FER

IMPRIMERIE CHAIX

SOCIÉTÉ ANONYME AU CAPITAL DE SIX MILLIONS

Rue Bergère, 20

1889

L'EMPIRE DU BRÉSIL

A

L'EXPOSITION UNIVERSELLE DE 1889

Le projet de l'Exposition Brésilienne à Paris en 1889 a été, dès son début, encouragé par S. M. l'Empereur du Brésil et appuyé par l'opinion publique au Brésil.

L'idée première de la participation du Brésil à l'Exposition Universelle de 1889, dans les conditions où elle a lieu, revient à M. Amédée Prince. A son instigation, MM. Eduardo da Silva Prado et F. J. de Santa Anna Nery firent appel aux Brésiliens résidant à Paris, et M. E. Lourdelet, Président de la Chambre syndicale des négociants-commissionnaires, aux Français en relations d'affaires avec le Brésil. De la réunion de ces bonnes volontés et de ces amis sincères du Brésil et de la France, naquit le *Comité Franco-Brésilien*, constitué à Paris le 14 mars 1888.

Ce Comité s'adressa aussitôt par dépêche à Rio-de-Janeiro, au Président du Conseil des ministres, M. Joào Alfredo Correa de Oliveira, pour lui demander son appui, en même temps que M. le vicomte de Cavalcanti, avant de partir pour le Brésil, se rendait à Cannes et demandait à l'Empereur, au nom du Comité, son haut patronage en faveur de l'Exposition Brésilienne. Une réponse favorable du Président du Conseil ne se fit pas attendre, et Sa Majesté daigna approuver et encourager les efforts du Comité.

M. le vicomte de Cavalcanti revint à Paris porteur d'une lettre, adressée par Sa Majesté à M. Berger, Directeur général de l'Exploitation. Dans cette lettre autographe, l'Empereur faisait part à M. Berger de son désir de voir accorder un bon emplacement à l'Exposition Brésilienne.

Jusqu'à ce moment, les Brésiliens et les Français qui portaient un vif intérêt à la participation du Brésil à l'Exposition de 1889, n'étaient pas certains de voir se réaliser leurs désirs.

En effet, au mois de septembre 1883, M. Antonio da Silva Prado, ministre des Travaux publics au Brésil, avait déclaré au Sénat que le Gouvernement se ferait représenter officiellement. En mai 1887, M. Antonio da Silva Prado cessait de faire partie du Cabinet brésilien, et le Gouvernement, en janvier 1888, déclarait au ministre de France à Rio-de-Janeiro, que l'Empire du Brésil ne se ferait pas représenter à Paris. Le 10 mars 1888, M. Antonio da Silva Prado revenait au pouvoir avec le nouveau ministère. Cette circonstance, coïncidant avec les efforts faits à Paris par le Comité franco-brésilien, semblait dès lors tourner à l'avantage de l'Exposition Brésilienne.

M. le vicomte de Cavalcanti arriva à Rio-de-Janeiro au mois d'avril et se mit aussitôt à l'œuvre, s'adressant aux producteurs, faisant des voyages pour organiser des comités, pressant les retardataires et décidant les hésitants.

D'accord avec M. le vicomte de Cavalcanti, le député Affonso Celso proposa à la Chambre qu'une subvention d'environ 800,000 francs fût accordée au Comité franco-brésilien. Cette proposition, combattue par quelques orateurs, fut défendue par MM. Affonso Celso, Matta Machado, Carneiro da Cunha, Nabuco et Penna, à la Chambre des députés, et par MM. Antonio da Silva Prado et vicomte de Ouro-Preto, au Sénat, où elle fut approuvée. En conséquence, le 18 juillet, fut publié le décret suivant :

ARTICLE 1er. — Le Gouvernement est autorisé à dépenser jusqu'à la somme de 300 contos de reis pour aider le Comité franco-brésilien pour l'Exposition Universelle de Paris et les exposants brésiliens qui prendront part à la dite Exposition.

Art. 2. — Le Gouvernement fera les opérations de crédit nécessaires pour cet objet.

Art. 3. — Toutes les dispositions contraires sont révoquées.

Antonio da Silva Prado, sénateur de l'Empire, membre du conseil de Sa Majesté l'Empereur, ministre et secrétaire d'État de l'agriculture, du commerce et des travaux publics, est chargé de l'exécution du présent décret.

Signé : Princeza Imperial Regente.
Signé : Antonio da Silva Prado.

La participation du Brésil à l'Exposition Universelle était dès lors un fait accompli. A Rio-de-Janeiro, M. le vicomte de Cavalcanti avait obtenu un plein succès. A Paris, le Comité franco-brésilien, continuant son œuvre, avait, sur un avis télégraphique de M. le vicomte de Cavalcanti, constitué, en vingt-quatre heures, par acte notarié, un syndicat de garantie, et son fondé de pouvoirs à Rio-de-Janeiro, M. le vicomte de Figueiredo, signait avec le Gouvernement brésilien un contrat en vertu duquel le syndicat prenait à sa charge l'organisation de l'Exposition du Brésil au Champ de Mars.

M. le vicomte de Cavalcanti organisa alors le Comité central de Rio-de-Janeiro. Ce Comité mit un grand zèle et une patriotique activité dans l'accomplissement de sa mission. Dans les provinces les Présidents et les particuliers réunirent leurs efforts pour suivre l'exemple donné par la capitale de l'Empire. Des commissions furent constituées; quelques provinces leur accordèrent des subsides spéciaux.

Le 11 décembre 1888, Sa Majesté l'Empereur ouvrait en personne l'Exposition préparatoire à Rio-de-Janeiro et, répondant à un discours de M. le vicomte de Cavalcanti, Sa Majesté exprima son plaisir de constater dans cette Exposition les progrès de l'industrie brésilienne.

A Paris, le Syndicat du Comité franco-brésilien trouvait chez

M. le vicomte de Arinos. alors Ministre du Brésil, un précieux concours et rencontrait chez M. Berger, Directeur général de l'Exploitation, l'accueil le plus bienveillant; grâce à eux et à M. Marc Millas, secrétaire des sections étrangères (dont le dévouement a été si hautement apprécié), le Brésil, malgré son arrivée tardive, a pu trouver au Champ de Mars un emplacement où l'exhibition de ses produits a pris un développement dépassant les prévisions du début.

M. Dauvergne, architecte, dont le plan avait été primé par le syndicat, commença aussitôt les travaux. MM. Michau et Douane furent chargés de l'exécution de ce plan dont l'élégance sobre et harmonieuse a fait du Pavillon Brésilien un édifice digne de figurer parmi les belles constructions du Champ de Mars.

Les hommes d'initiative qui ont eu foi dans cette entreprise voient donc leurs efforts couronnés de succès. Tous les Brésiliens venus à Paris pour visiter l'Exposition sont heureux et fiers de voir que leur pays a pris une part si honorable à cette grande lutte pacifique et en témoignent hautement leur vive satisfaction.

Ce Catalogue, où figurent des spécimens des plus riches produits du Brésil, donnera une idée approximative des ressources de ce vaste Empire. Les renseignements sur la situation et les progrès du Brésil se trouvent détaillés dans des ouvrages spéciaux imprimés par le Commissariat général de l'Empire du Brésil qui les tient à la disposition du public dans le Pavillon Brésilien.

Paris, le 6 mai 1889.

EXPOSITION UNIVERSELLE DE PARIS

1889

Monsieur S. CARNOT

Président de la République Française

COMMISSARIAT GÉNÉRAL DE FRANCE

M. TIRARD, Président du Conseil, Ministre du Commerce, de l'Industrie et des Colonies,

Commissaire général.

M. G. BERGER, Ingénieur des Mines,

Directeur général de l'Exploitation.

M. ALPHAND, Inspecteur général des Ponts et Chaussées,

Directeur général des Travaux.

M. GRISON,

Directeur général des Finances.

M. Marc MILLAS, Consul de France,

Secrétaire des Sections étrangères.

EMPIRE DU BRÉSIL

COMMISSARIAT GÉNÉRAL

MM. le **Vicomte de Cavalcanti,** sénateur, conseiller d'État, ancien ministre, etc., etc., *Commissaire général.*

Eduardo da Silva Prado, *Commissaire général adjoint.*

E. Lourdelet, *Commissaire général adjoint.*

SECRÉTARIAT GÉNÉRAL

MM. Amédée Prince, *Secrétaire général.*

R. B. d'Etiveaud, *Secrétaire adjoint.*

COMMISSAIRES

MM. le **Baron de Albuquerque.**
C. de Almeida.
E.-F. Cardoso.
R. de Souza Dantas.
le **Baron de Estrella.**
le **Vicomte de Figueiredo.**
A. Klingelhoefer.
E. Pector.
C. Pra.
F.-J. de Santa Anna Néry.
Augusto Teixeira.
Dauvergne, *architecte.*

COMMISSIONS DIVERSES

COMMISSION DE CONSTRUCTION

MM. **Eduardo da Silva Prado,** *Président.*
E.-F. Cardoso.
Baron de Albuquerque.
Rodolfo Dantas.
Baron de Estrella.
Klingelhoefer.
Augusto Teixeira.
Amédée Prince, *Secrétaire.*

COMMISSION DE PUBLICITÉ

MM. **Rodolfo Dantas,** *Président.*
Eduardo da Silva Prado.
Baron de Estrella.
Baron de Albuquerque.
F.-J. de Santa Anna Néry.

COMMISSION DES FINANCES

MM. **C. de Almeida.**
C. Pra.
Amédée Prince.

COMMISSION D'INSTALLATION

MM. **Augusto Teixeira.**
Alfredo Michel.
Leopoldo Leitaõ.
Paul Rousseau.

DÉLÉGUÉS DES PROVINCES A L'EXPOSITION

MM. Alfredo Michel, délégué de *Rio-de-Janeiro*.
A.-F.-M. Glaziou, délégué de *Rio-de-Janeiro*.
Alphonse Boris, délégué de *Ceara*.
Théodore Boris, délégué de *Ceara*.
Paul Rousseau, délégué de *Minas-Geraës*.
Baron de Marajó, délégué de *Para*.
H. Ducasble, délégué de *Pernambuco*.
Leopoldo Leitaõ, délégué de *San Paulo*.

COMMISSION BRÉSILIENNE D'ÉTUDES
A L'EXPOSITION UNIVERSELLE DE 1889

Les classes de l'Exposition ont été divisées en 32 sections, dont l'étude a été confiée comme suit aux membres de la Commission.

Président : **M. le Vicomte de Cavalcanti.**
Secrétaire général : **M. Fernandes Pinheiro.**

MEMBRES :

MM. Domicio da Gama.
Baron d'Albuquerque.
Jules Balla.
Baron de Estrella.
Eduardo da Silva Prado.
Rodolfo Dantas.
Ladislau Netto.
Auguste Duprat.
D^r Sá Valle.
Baron de Saboia.
Baptista Pereira.
D. Souza Leite.
Contre-amiral baron de Teffé.
Baron de Rio-Branco.
Araujo Pinheiro.
Alves Barboza.

MM. Argollo Ferrão.
 Silva Lima.
 Arthur Alvim.
 Fernandes Pinheiro.
 Huet de Bacellar.
 Benjamin de Mello.
 Augusto Teixeira.
 Alfredo Michel.
 Lemos Bastos.
 A. Klingelhoefer.
 Baron de Marajó.
 Pires Garcia.
 Santa Anna Nery.
 Le général de division Moraes-Ancora.
 Porfirio Bentes.
 Colonel Luz.
 Menezes Vieira.

DIRECTEUR DE L'EXPOSITION BRÉSILIENNE D'ANTHROPOLOGIE ET D'ETHNOGRAPHIE.

M. **Ladislao Netto**, *au Pavillon Amazone* (histoire de l'Habitation humaine).

COMMISSION CENTRALE DE RIO-DE-JANEIRO

MM. Le vicomte de Cavalcanti, *Président*.
 D Nicoláo Joaquim Moreira, *Vice-Président*.
 Vicomte de Saô Francisco.
 J.-M. de Oliveira Castro.
 D Agostinho José de Souza Lima, *Secrétaire*.
 José Botelho de Araujo Carvalho, *Membre*.
 Antonio Gomes de Mattos, —
 Tobias de Mello, —

COMMISSION EXÉCUTIVE

MM. F.-J. Bethencourt da Silva,
 André G. de Oliveira,
 Alfredo Michel,
 Leopoldo Leitaô.

COMMISSION DE PROPAGANDE

MM. Alfredo Michel. *Président,*
Émile de Saint-Denis, *Vice-Président.*
J.-A. Cordeiro Jʳ, *Membre.*
Nicolaõ Ferreira, —
J.-J. Bittencourt, —

COMMISSION DES PROVINCES

BAHIA

MM. Dʳ **João Dantas,** *Président.*
Almeida Couto,   *Membre.*
Carneiro da Rocha,   —
Dʳ **Manuel Victorino,** —
Eduardo Ramos,   —
Jacome Baggi,   —
Luiz Dutra,   —
Pedro d'Alcantara,   —
Lellis Piedade,   —

CEARA

MM. Boris frères.
João Cordeiro.
Alfredo Dutra.
João Brigido dos Santos.
Singlehurst.

MINAS-GERAES

MM. Gorceix, *Président.*
Paul Rousseau, *Délégué.*

PARA

MM. Tito Franco d'Almeida, *Président.*
Antonio Braule Ferreira da Silva, *Membre.*
João Jualbecho do Corticunha.   —
Baron de Marajó, *Délégué.*

PARANA

MM. **Baron de Serro Azul**, *Président*.
Antonio de Barros, *Secrétaire*.
Generoso Marques de Santos, *Membre*.
Dr **Ismael da Rocha**, —

PERNAMBUCO

MM. **Vicomte da Silva Loyo**, *Président*.
João Fernandes Lopes, *Vice-Président*.
Dr **José Eustaquio Ferreira Jacobina**, *premier Secrétaire*.
Dr **Vicente Perreira de Barros N. Araujo**, *deuxième Secrétaire*.
Joseph Krause, *Trésorier*.
Alfred Ducasble, *Membre*.
André-Maria Pinheiro, —
Antonio Gomes de Miranda Leal, —
Baron de Casa Forte, —
Corbiniano de Aquino Fonseca, —
Fabio Moreira Temporal, —
Francisco de Boulitreau, —
Henrique Burle, —
João José de Amorim, —
José Fiuza de Oliveira, —
Joaquim Alves da Fonseca. —
João José de Rodrigues Mendes, —
João Maria de Andrade, —
José da Silva Salgueiral, —
Julio Furstemberg, —
Dr **Laurino de Moraes Pinheiro**, —
Dr **Manoel Gomes de Mattos**, —
Vincente Nunes Tavares, —
N. Webster, —

N. B. — Nous regrettons de n'avoir pas reçu les listes complètes de toutes les commissions organisées au Brésil, ce qui nous empêche de publier les noms de tous ceux qui, au Brésil, ont contribué à la réussite de l'Exposition.

REPRÉSENTANTS DU COMMISSARIAT GÉNÉRAL
DE L'EMPIRE DU BRÉSIL

dans

LE JURY INTERNATIONAL DES RÉCOMPENSES

Classe	6 **Éducation** . .	Juré titul. MM.	LE BARON DE ESTRELLA.
—	11 **Application usuelle des arts du dessin**	—	EDUARDO DA SILVA PRADO.
—	17 **Meubles** . . .	—	E. LOURDELET.
—	41 **Mines**	—	FERNANDES PINHEIRO.
—	42 **Forêts**	—	LE BARON D'ALBUQUERQUE.
—	43 **Caoutchouc** .	—	DE SANTA ANNA NERY.
—	44 **Cotons, laines**	—	AMÉDÉE PRINCE.
—	45 **Produits chimiques** . . .	—	PAUL ROUSSEAU.
—	67 **Farineux** . .	—	C. PRA.
—	72 **Cafés, Thés** .	—	A. KLINGELHOEFER.
—	47 **Cuirs, Peaux**	Juré supp. MM.	C. D'ALMEIDA.
—	63 **Roches, Bois**.	—	ALFREDO MICHEL.
—	73 **Boissons**.	—	R. D'ÉTIVEAUD.

CLASSE I

Peinture à l'huile.

1. Almeida (de), Rio-de-Janeiro.

    Paysage.

2. Andrade (Mlle Abigail de), Rio-de-Janeiro.

    Tableau de genre.
    Tableau de genre.
    Paysage.
    Paysage.
    Paysage.
    Paysage.

3. Balla (Jules), né à Rio-de-Janeiro, élève de Cabanel et de Signol, 233, faubourg Saint-Honoré, Paris.

    Paysage. — Palmeiras (Brésil).
    Paysage. — Palmeiras (Brésil).

4. Bérard (Daniel), né à Rio-de-Janeiro, élève de Pils, Lehmann et M. G. Jacquet, 2, rue Aumont-Thiéville, Paris.

    L'abolition de l'esclavage au Brésil.

5. Bernardelli (Henri), né à Rio-de-Janeiro. Rome, à l'Exposition du Palais International des Beaux-Arts.

    El-Dorado.

6. Ducasble (Alfred), de Pernambuco.

    Aurelio de Figueiredo. Zulmira (esquisse).
    Aurelio de Figueiredo. Nature morte.
    Duarte. Atelier de serrurier à Rio-de-Janeiro.
    Léon Righini. Panorama de Maranhaõ.
    Telles junior. Paysage de Pernambuco.

7. Fachinetti, Rio-de-Janeiro.

> Panorama de Rio-de-Janeiro.
> Paysage (Botafogo).
> Paysage (Itapuca).

8. Figueiredo (Aurelio), né à Rio-de-Janeiro.

> Paysage.
> Paysage.
> Paysage.

9. Lins (Arthur-Luciano). Manáos (Amazonas).

> Il Morto primo.
> La Conversion des Indiens Uaraperys. Au Pavillon
> du Haut-Amazone.

10. Meirelles (Victor), professeur à l'École des Beaux-Arts,
à Rio-de-Janeiro.

> Le Cimetière.

11. Sá (F. de), né à Maranhaõ, 11, avenue de Villiers, Paris.

> Portrait de M. M.
> Portrait de Mme P. de S. (au Palais International
> des Beaux-Arts).

12. Santiago (Mlle Alice), Pernambuco.

> Indigène (Cabocla).
> A l'Auberge.

13. Silva (Estevão da), né à Rio-de-Janeiro.

> Mangas.
> Grenade.
> Ananas et mangas.
> Ananas et mangas.
> Orchidées.
> Cambucá.
> Mangas.
> Bananes et mangas.
> Araça.
> Cajú.
> Jambo rosado.

13. Silva (Estevão da), né àRio-de-Janeiro (*Suite*).

> Carambola.
> Pitanga et Carambola.
> Grenades, raisin et fructas do conde.
> Melancia.
> Papaies, citrons et oranges.
> Mangas.
> Mangas, ananas et cambucás.
> Melons, cajus et carambolas.
> Citrons.
> Nature morte.
> Nature morte.
> Cajus et saputis.
> Mangas.
> Fraises.
> Nature morte.
> Nature morte.

CLASSE II

Peintures diverses et Dessins.

1. Americo (Pedro). né à Parahyba do Norte. Rio-de-Janeiro.

> Études pour le tableau de la proclamation de l'Indé-
> pendance du Brésil (appartenant à M. A. Ducasble).

2. Balla (Jules), né à Rio-de-Janeiro, élève de Cabanel et de Signol, 233, faubourg Saint-Honoré, Paris.

> Christ au tombeau, aquarelle.

3. Vera Cruz, Pernambuco.

> Négresse de Bahia (aquarelle à l'encre de Chine).
> Victor Hugo, fusain.
> Portrait de M. Carnot (aquarelle à l'encre de Chine).

CLASSE III

Sculpture et Médailles.

1. Ducasble (Alfred), de Pernambuco.
Le Christ mort.

CLASSE IV

Dessins et Modèles d'architecture

1. Sauvage, architecte. Rio–de–Janeiro.
Plan de la Bibliothèque nationale de Rio-de-Janeiro.

CLASSE V

Gravures et Lithographies.

GRAVURES EN NOIR. — GRAVURES POLYCHROMES. — LITHOGRAPHIES
EN NOIR, AU CRAYON, AU PINCEAU. — CHROMOLITHOGRAPHIES.

1. Liguori, Pernambuco.
Chromolithographies.

2. Lombaerts et Cie (H.), Rio-de-Janeiro.

Chromolithographies.

3. Robin et Cie (Paul), Rio-de-Janeiro.

Gravures.
Lithographies.

CLASSE VI

Éducation de l'enfant.

ENSEIGNEMENT PRIMAIRE. — ENSEIGNEMENT DES ADULTES.

1. Aubé (Mme), Rio-de-Janeiro.

Tratado de Costura. (1881).

2. Castro (J.-C.-S.-P. de), Rio-de-Janeiro.

Tratado de methodologia.

3. Commission de Pernambuco.

Alphabet illustré de Auguste Kusseweter.

4. Commission de Rio-de-Janeiro.

A. B. C. da Infancia.
Grammatica franceza de Lhomond (traduction).

5. Ferreira (Félix), Rio-de-Janeiro.

Noçoes de vida domestica (7e édition 1885).

6. Macahubas (Baron de), Rio-de-Janeiro.

Photographies de l'intérieur et aménagement du
collège Abilio.
Plan, coupe et élevation du collège Abilio.

6. Macahubas (Baron de). Rio-de-Janeiro *(Suite).*

> Biographie du baron de Macahubas par M. Léry dos Santos.
>
> O Instituto Abilio. Notice par Félix Ferreira.
>
> Dessins des élèves.
>
> Travaux de calligraphie.
>
> Cahiers des élèves.
>
> Cartes géographiques dessinées par les élèves :
>
> > A. Brésil.
> >
> > B. Iles-Britanniques.
> >
> > C. Europe.
> >
> > D. Brésil.
> >
> > E. Portugal.
> >
> > F. Italie.
> >
> > G. Pará.
>
> Dessins de figures géométriques.
>
> Leitura universal. Novo methodo de leitura.
>
> Resumo de grammatica portugueza (7e édition).
>
> Vinte annos de propaganda en prol da Elevação dos Estudos.
>
> Desenho linear ou elementos de geometria pratica.
>
> Pequeno tractado de leitura en voz alta, traduit de Legouvé (Bruxelles 1879).
>
> Novo methodo para o ensino pratico e facil de Lingua franceza (Bruxelles 1879).
>
> Primeiro livro de leitura (20e édition.)
>
> Secundo   —   —
>
> Terceiro   —   —   (nouvelle édition).
>
> Différents travaux pédagogiques du baron de Macahubas.

CLASSE VII

Organisation et matériel de l'enseignement secondaire.

1. Bellegarde (G.), Rio-de-Janeiro.

> Vocabulos e locuções de lingua portugueza (1887).

2. Brazilicus, Rio-de-Janeiro.

> Guia pedagogica de calculo mental (1881).

3. Briggs (G.-C.-R.), Rio-de-Janeiro.

> Compendio de analyse logica (1887).

4. Castro (J.-C.-S.-P. de), Rio-de-Janeiro.

> Explicador de arithmetica (7e édition).

5. Cavalcanti (J.-B.-U.), Rio-de-Janeiro.

> Lições de Coisas (1881).

6. Costa Junior (L.-R.), Rio-de-Janeiro.

> Exécution musicale universelle.
> Synthèse de toutes les difficultés du mécanisme de la flûte *mutandem mutandis* et de tous les autres instruments de musique (4 vol. in-4° manuscrits).

7. Couturier (Mgr), Rio-de-Janeiro.

> Arithmetica da Infancia (3e édition).
> Catechismo da doutrina Christaõ
> Geographia atlas (1889).

8. Cunha (A.-C. da C.). Rio-de-Janeiro.

> Novo methodo theorico pratico de analyse synta-
> tica. (2ᵉ édition 1876).

9. Jordao (J.-K. de F.), Rio-de-Janeiro.

> Florilegio Brezileiro.

10. Léal (Mme), Rio-de-Janeiro.

> Pequena Historia Sagrada (1889).

11. Lycée des Arts et Métiers de Rio-de Janeiro.

> Divers livres et publications se rapportant à l'éta-
> blissement.
> Dessins des élèves du Lycée.

12. Macahubas (baron de), Rio-de-Janeiro.

> Globe cosmographique.
> Description dudit appareil cosmographique.
> Tableau noir pour l'enseignement de la musique.
> Appareil multiplicateur scolaire.

13. Massa (J. de N.), Rio-de-Janeiro.

> Grammatica analytica da lingua portugueza (1888).

14. Oliveira (F. d'), Rio-de-Janeiro.

> Novo Methodo Inglez (1886).

15. Ortiz et Pardal, Rio-de-Janeiro.

> Grammatica analytica de lingua portugueza, 6ᵉ édi-
> tion.

16. Ottoni (C.-B.), Rio-de-Janeiro.

> Compendio de Arithmetica, 2ᵉ édition.
> Elementos de Algebra, 6ᵉ édition, 1887.
> Elementos de Geometria, 7ᵉ édition, 1887.

17. Paraná (Sebastiaõ), Rio-de-Janeiro.

> Esboço geografico da Provincia do Paraná.

18. Passos (L. P. dos), Rio-de-Janeiro.

> Primeiro Livro de Latinidade, d'après Mc Clintock
> et Crooks, 3e édition, 1885.

19. Pinto (A.-M.), Rio-de-Janeiro.

> Noçoes de Geografia geral, 1886.
> Curso de Geografia geral, 2e édition. Apontamentos
> para o diccionario geographico do Brazil, 2 vo-
> lumes, 1886.
> Rudimentos de Corographia.

20. Ribeiro (João), Rio-de-Janeiro.

> 1. Diccionario-grammatica da lingua portugueza, 1889.

21. Ribeiro (Hilario), Rio-de-Janeiro.

> Segundo livro de leitura, 10e édition, 1888.
> Grammatica portugueza elementar, **2°** année.
> Cartilha nacional de ensino simultaneo, 1888.
> Primeiro livro de leitura, 14e édition, 1886.
> Terceiro livro de leitura, 9e édition, 1884.
> Novo segundo livro de leitura, 13ª édition, 1888.
> Quarto livro de leitura.
> Novo terceiro livro de leitura, 9e édition.
> Novo quarto livro de leitura, 4° édition, 1887.
> Geographia.
> Grammatica elementar, 7e édition, 1887.

22. Rocha (J.-J. da), Rio-de-Janeiro.

> Collecção de fabulas.

23. Teixeira (João-Martins), Rio-de-Janeiro.

> Noçoes de chimica geral, 2e édition, 1885.

24. Vieira (Menezes), Rio-de-Janeiro.

> Conheçamos nossa Patria.
> Tableau synchronique de l'Histoire du Brésil.
> Manual para os jardins da Infancia.
> Jornal das Crianças.
> Ardosea artificial com a carta do Brazil.
> Noçoes de grammatica.

24. Vieira (Menezes), Rio-de-Janeiro *(Suite)*.

> Problemas infantis.
> Ensino pratico da lingua materna aos surdes mudos.
> Primeras noçoes de hygiène.
> Treze annos de magisterio.

25. Zaluar (A.-F.), Rio-de-Janeiro.

> Nova serie de livros de leitura.
>   A. Primeiro livro.
>   B. Segundo livro.
> Noçoës elementares de leitura.

CLASSE VIII

Organisation, méthodes et matériel de l'enseignement supérieur.

1. Braz da Sylva, Pernambuco.

> Collection d'insectes.

2. École des Mines d'Ouro-Preto. Minas Geraes.

> Collection des programmes, travaux et règlements
> de l'École des Mines d'Ouro-Preto.
> Notice sur cette école.

3. Gonnelle (E), Paris.

> Collection de coléoptères.

4. Saboia (Baron de), Rio-de-Janeiro.

> L'enseignement de la médecine au Brésil, mono-
> graphie, dans l'ouvrage *Le Brésil en 1889*.

5. F.-J. de Santa Anna Nery.

> L'instruction publique au Brésil, monographie, dans l'ouvrage *Le Brésil en 1889*.

6. Société de Géographie, Rio-de-Janeiro.

> Fac-simile en bois du météorite pesant 5,000 kilos, trouvé en 1784 à Bendego (Bahia) et transporté au Muséum national de Rio-de-Janeiro.
> Fragments du météorite.

CLASSE IX

Imprimerie et Librairie.

1. Alves et Cⁱᵉ, Rio-de-Janeiro.

> Livres, publications diverses.

2. Azevedo, Pernambuco.

> Album musical.

3. Bibliothèque nationale de Rio-de-Janeiro.

> 1. Annaes da Bibliotheca nacional de Rio-de-Janeiro, 12 vol. in-8°, Lenzinger, Rio-de-Janeiro, 1876-1886.

4. Carvalho (J. C. de), Rio-de-Janeiro.

> Météorite Bendegó. Rapport présenté au ministère de l'Agriculture, du Commerce et des Travaux publics et à la Société géographique de Rio-de-Janeiro, sur le déplacement et le transport du météorite de Bendegó de l'intérieur de la province de Bahia au Musée national. 1 vol. in-4°, Rio-de-Janeiro, Imprimerie nationale 1888.

5. Chaves (Elias A.-P.), Sao Paulo.

> Relatorio do commissaõ central de Estatistica da provincia de S. Paulo, 1 vol. grand in-8º, São Paulo, 1888.

6. Comité Franco-Brésilien, Paris.

> Journaux du Brésil.

7. Commission de Rio-de-Janeiro.

> Auxiliadora de industria nacional, Rio-de-Janeiro, 24 volumes.
> Revista agricola 1869 à 1887, 8 volumes.

8. Commission Centrale de la province de Minas-Geraes.

> Publications périodiques de la province.

9. Commission de Bahia, Bahia.

> Journaux.

10. Commission de Pernambuco, Pernambuco.

> Collection de quinze rapports de compagnies diverses.

11. Costa (F.-A.-P.), de Pernambuco.

> Ouvrages sur l'histoire de la géographie au Brésil.
> A ilha de Fernando de Noronha, vol. 8º, Pernambuco 1887.
> Noticia sobre as comarcas da Provincia, 1 vol. 8º, Therezina, 1885.

12. Cruls (L.), Directeur de l'Observatoire de Rio-de-Janeiro.

> Notice sur les météorites (Dans le rapport de M. Carvalho sur le météorite de Bendegó).
> Rio-de-Janeiro, 1888.

13. Douane de Rio-de-Janeiro.

> Bulletins mensuels de la douane de Rio-de-Janeiro.
> Cartes statistiques de la douane de Rio-de-Janeiro.

14. Galeria Illustrada-Curityba.

> Journal illustré.

15. Instituto Historico Geographico do Brazil,
à Rio-de-Janeiro.

> Revista trimensal de Instituto Historico geographico
> de Brazil.
> 56 volumes (1839-1888).

16. Leuzinger et Fils, Rio–de–Janeiro.

> Livres, impressions diverses.

17. Lombaerts et Cie, Rio-de-Janeiro.

> Livres divers.

18. Muséum National de Rio-de-Janeiro.

> Archives du Muséum, 7 vol. gros in-4º.

19. Observatoire Impérial, Rio-de-Janeiro.

> Annales de l'Observatoire impérial de Rio-de-Janeiro
> publiées par L. Cruls, directeur, 1882-1889.
> 3 volumes in-4º (cette revue publiée en portu-
> gais et en français).
> Bulletin astronomique, météréologique de l'Observa-
> toire de Rio-de-Janeiro, 3 volumes, 1881-1883.
> Annuario do imperial Observatorio de Rio-de-
> Janeiro, 4 vol. 1885 à 1889.

20. Santos (José Américo dos), Pernambuco.

> Revista de Engenharia, 7 vol. 1883 à 1889.

CLASSE X

Papeterie, — Reliure, Matériel des arts de la peinture et du dessin.

1. MM. Cardoso Monteiro et Cie, Rio-de-Janeiro.

Flacons encre Monteiro.

2. Leal (Th.-A.-C.), Pernambuco.

Equerre.

3. Leuzinger et fils, Rio-de-Janeiro.

Reliures diverses.
Registres.

4. Lombaerts et Cie, Rio-de-Janeiro.

Registres et reliures diverses.

5. Rezende (Francisco de), Rio-de-Janeiro.

Couleurs minérales en poudre.

6. Sardinha (J.-H.), Rio-de-Janeiro.

Encre à écrire.

7. Steckel (Frédéric-Antonio), Rio-de-Janeiro.

Couleurs minérales préparées en poudre.

CLASSE XI

Application usuelle des arts du dessin et de la plastique.

1. Cavalcanti (Vicomtesse de), Rio-de-Janeiro.

> Collection de monnaies et de médailles brésiliennes.

2. Freitas (Mme Duchemin de), Maranhaõ.

> Copie de gravure en broderie sur soie.

3. Leuzinger et fils, Rio-de-Janeiro.

> Lithographies et chromolithographies.

4. Lombaerts et Cie, Rio-de-Janeiro.

> Lithographies et chromolithographies.

5. Meirelles (Victor) **et Langerock**, Rio-de-Janeiro.

> Panorama de la baie et de la ville de Rio-de-Janeiro, avenue de Suffren.

6. Robin (Paul), Rio-de-Janeiro.

> Lithographies et chromolithographies.

7. Teixeira (Augusto), Rio-de-Janeiro.

> Collection complète de timbres-poste.

8. Teixeira (F. dos Santos), Rio-de-Janeiro.

> Modèle de machine pour l'impression sur étoffe et sur papier en diverses couleurs, construit par l'exposant.

CLASSE XII

Épreuves et appareils
de photographie.

1. Ducasble (A.), Pernambuco.

> Panorama de Pernambuco.
> Portraits divers.

2. Ferrez (Marc), Rio-de-Janeiro.

> Vues photographiques de Rio.
> Vues marines.
> Paysages.

3. Fidauza (J.-A.), Para.

> Photographies.

4. Guimarães, Rio-de-Janeiro.

> Vues photographiques des travaux d'art du chemin
> de fer D. Pedro II.

5. Lindermann, Bahia.

> Tableaux photographiques de Bahia et Pernambuco.

6. Nicholson et Ferreira, Campinas.

> Portraits hommes.
> Portraits dames.
> Photographie agrandie.

CLASSE XIII

Instruments de musique.

1. Conceiro (J. dos Santos), Rio-de-Janeiro.

> Mandore espagnole.
> 2 violons sourds pour commençants.
> guitare portugaise.
> 2 guitares françaises.
> guitare lyre.
> mandoline.
> 2 violes françaises.
> 1 violon.
> Échantillons de bois servant à faire ces instrument .

CLASSE XIV

Médecine et Chirurgie.
Médecine
vétérinaire et composée.

1. Dr Alvaro (Alberto), Rio-de-Janeiro.

> Instrument de son invention pour l'examen chimique
> des urines.

2. Ramires (M.), Rio-de-Janeiro.

> Pièces dentaires.

3. Tribouillet (H.), Rio-de-Janeiro.

> Pièces dentaires.

CLASSE XV

Instruments de précision.

1. Pazos (J.-H.), Rio-de-Janeiro.

> Nouvelle lunette azimuthale, inventée par M. Emmanuel Liais, ancien directeur de l'Observatoire de Rio de-Janeiro.

CLASSE XVI

Cartes et appareils de géographie et de cosmographie. Topographie.

1. Commissariat général du Brésil, de Paris.

> Carte géographique murale du Brésil d'après un manuscrit portugais du xvi⁰ siècle.
>
> Carte géographique murale du Brésil d'après une carte hollandaise du xvii⁰ siècle.
>
> Carte du Brésil d'après Juan de la Cruz y Olmedilla au xviii⁰ siècle.
>
> Carte murale du Brésil par **M. E. Levasseur**, de l'Institut, 1888.

N. B. — Ces cartes ont été peintes d'après les documents originaux par M. G. Huguenin, de Paris.

2. Paulo Robin, Rio-de-Janeiro.

> Carte de la province de Saõ Paulo.
>
> Carte générale des côtes de l'Empire du Brésil.

2. Paulo Robin, Rio-de-Janeiro (*Suite*).

> Carte de la province de Saõ-Paulo.
> Carte de la province de Saõ-Paulo.
> Carte hydrographique des ports d'Imbetiba et Macahé.
> Tableau synoptique de la navigation au long cours dans le port de Rio, de 1845 à 1882.
> Carte de l'Empire du Brésil 1883.
> Tableau du service sanitaire de Rio.
> Altitude comparée des points culminants du système orographique du Brésil.
> Plan général du nouveau chemin de fer de Sergipe.
> Plan général du chemin de fer de Don Pedro II et autres lignes des provinces de Rio-de-Janeiro, Saõ-Paulo et Minas-Geraes.
> Carte de l'entrée du port de Rio-Grando do Sul.
> Carte de la province de Espirito-Santo.
> Carte des lacs « dos Patos » et Mirim et des canaux qui les relient. Rio-Grando do Sul. 1882.
> Carte hydrographique du port de Paranaguá 1886.

CLASSE XVII

Meubles à bon marché et Meubles de luxe.

1. Baptista (Luiz-J.-C.), Pernambuco.

> Table à ouvrage en bois différents.

2. Arsenal de marine, Pernambuco.

> Commode de marqueterie.
> Jardinière en bois différents.
> Table à ouvrage en bois différents.
> Une étagère et aigle en bois nu.

3. Commission, Pernambuco.

> Étagères et divers meubles en bois brut.
> Console en bois.

4. Ducasble (A.), Pernambuco.

> Table de jacaranda sculptée, dessus de mosaïque
>   florentin (1724).
> Commode de jatoba, style Louis XV.
> Secrétaire de palissandre, xviie siècle.
> Douze chaises de palissandre, vieux cuir, style
>   Louis XIV.
> Sopha de palissandre, vieux cuir, style Louis XIV.
> Six chaises anciennes, cuir repoussé.
> Chaise-longue, cuir repoussé du xvie siècle.
> Secrétaire du xvie siècle, décoré de peinture
>   flamande.
> Banc.

5. École de l'Arsenal de guerre, Pernambuco.

> Fauteuil.

6. Fabrica Progresso (Louis Gros, directeur), de Rio-
de-Janeiro.

> Cabinet gothique en jacaranda.

7. Martins (Manoel José), de Rio-de-Janeiro.

> Sofa en peroba noirci, style sporstman.
> Fauteuils en peroba noirci, style sporstman.
> Petites chaises en peroba noirci, style sporstman.
> Chaises jacaranda rembourrées, style Rosa de Ouro.
> Secrétaire-bureau japonais en jacaranda, incrusté
>   ivoire, corail et nacre.
> Dressoir, style Rosa de Ouro.
> Bibliothèques (style japonais), en jacaranda et mor-
>   ceau de peroba tigre.
> Pupitre pour musique en jacaranda.

8. Moreira Carvalho et Cie, de Rio-de-Janeiro.

> Chaise bois noir.
> Chaise palissandre.

CLASSE XIX

Cristaux, verrerie et vitraux.

1. Esberard (Francisco-Antonio-Maria), de Rio-de-Janeiro.
>Pièces verrerie.
>Gobeletterie.

2. Kramer (E.), de Santa-Catharina.
>Pièces verrerie et gobeletterie de couleur.

3. Sastré (Henrique), de S. Paulo.
>Trois miroirs gravés.

CLASSE XX

Céramique.

1. Casa de Correiçao, de Rio-de-Janeiro.
>Carreaux mosaïques.
>Tables de mosaïques.

2. Commission de Pernambuco.
>Creusets à l'épreuve du feu (trois pièces).
>Alcarasas gargoulettes (huit modèles) en terre glaise
>   pour refroidir l'eau.
>Pipes en terre glaise.

3. Ducasble (A.), de Pernambuco.

> Faïences et porcelaines en usage au Brésil, au dernier siècle.

4. Esberard (F.-M.), Rio-de-Janeiro.

> Vases en terre cuite.
> Alcarasas.
> Filtres en terre cuite.
> Suspension en terre cuite.

5. Mello (José R. de), de Pernambuco.

> Alcarasas (gargoulettes), en terre glaise pour refroidir l'eau.
> Alcarasas (4), divers modèles en terre glaise pour refroidir l'eau.
> Pot-à-fleurs (2), double cuisson, vernis à l'oxyde rouge de plomb.
> Compotiers en terre glaise.
> Cuvettes (2).
> Vaisselle et batterie de cuisine (10 pièces), dito-dito.

CLASSE XXI

Tapis, Tapisseries et autres Tissus d'ameublement.

1. Commission de Pernambuco.

> Tapis fait de petits morceaux d'étoffe.

CLASSE XXIII

Coutellerie, Couteaux, etc., etc.

1. Commission de Pernambuco.

> 2 couteaux poignards luxueux, à l'usage des habitants
> de l'intérieur (Sertão), fabriqués par un ouvrier
> indigène.

CLASSE XXIV

Orfèvrerie, Orfèvrerie religieuse, etc., etc.

1. Pinto Gouvea (Benjamin), Rio-de-Janeiro.

> 1 Bénitier.

CLASSE XXV

Fontes d'art, Ferronnerie d'art, etc., etc.

1. Moreira, Carvalho et C°, Rio-de-Janeiro.

> Pièce ornementale en fer fondu.
> Paliers en bronze.
> Colonnes en fer fondu.
> Grilles.

CLASSE XXVII

Appareils et procédés de chauffage. Appareils et procédés d'éclairage électrique.

1. Eisenbach et Cie (Jorge), Saö-Paulo.

Allumettes de sûreté.

CLASSE XXVIII

Parfumerie.

1. Campos Nelson, de Diamantina.

Parfumerie.

2. Costa Sena (J. da.), de Diamantina.

Parfumerie.

3. Diamantina (Ville de).

Parfumerie.
Capim cheiroso, employé en parfumerie.

4. Guimaraes Amorim, de Pernambuco.

Agoa florida au camacan.
Tonique de camacan.
Eau dentifrice de camacan.

5. Pimenta de Curralinho (J.), de Diamantina.

> Parfumerie.

6. Samico (E.), de Pernambuco.

> Cosmétique pour cheveux.
> Philocome-vaseline.
> Huile américaine.
> Huile athénienne.
> Huile athénienne extra.
> Tonique américain.
> Essences Parfum de la Noblesse Brésilienne.
> Essence Parfum de la Noblesse Portugaise.
> Bouquet des fiancés.
> Double extrait juventude.
> Double extrait Eugénie.
> Triple extrait.
> Essence concentrée.
> Eau dentifrice concentrée au quinine.
> Eau de Cologne.
> Eau de Ninon.
> Poudre de riz.
> Opiat américain.
> Savon au lait de roses.
> Savon au suc de laitue.
> Savon « camé ».
> Genuine Windsor Soap.
> Genuine Windsor Coquette Soap.
> Genuine Windsor Nana Soap.
> Genuine Windsor Flowers Soap.
> Genuine Windsor Soap en barres.
> Savon chimique.
> Savon au goudron.
> Savon sulfureux.
> Savon au phénol.
> Family Windsor Soap.

7. Veras (A.-M.), Pernambuco.

> Eau dentifrice Veras.

CLASSE XXIX

Maroquinerie, tabletterie, vannerie et brosserie.

1. Arruda (Carlos B), Pernambuco.

> 1 boîte à cigarettes forme livre.

2. Boris frères. Baturité (Ceara).

> Plumeaux de Tucum.
> Nattes de Carnauba.
> Balais-Uru.

3. Carvalho (A.-L.). Valença.

> Chapeau liane.

4. Castro (João E.-G.), de Pernambuco.

> Un flacon avec le Christ descendant de la croix.

5. Commission de Pernambuco.

> Paniers.
> Paniers en timbó.
> Finettes en bois rouge et blanc.
> Balais en timbó.
> Balais en carnaúba.
> Cage à oiseaux.
> *Barba de bode*, employée à faire des cages.
> Boîte construite avec 19 qualités différentes de bois.
> Boîte avec 126 qualités différentes de bois.

6. Ducasble (Alfred), de Pernambuco.

> Collection de peignes.
> Collection de pochettes et colliers.
> Collection de peignes anciens, usités au Brésil.

7. Fonseca (J. da) Pernambuco.

Tinette en bois rouge.

8. Maia Sobrinho et Cia, de Pernambuco.

Pièces diverses pour toilette.

9. Maison des Exposés, de Pernambuco.

Paniers à fleurs.

10. Orphelinat d'Olinda, de Pernambuco.

Bouquet de fleurs artificielles.
Pot à fleurs artificielles.
Paniers en papier canevas couturières.

11. Souza Menezes (José de), de Rio-de-Janeiro.

Cadre de cèdre avec miroir.

12. Tavares de Souza (Ignacio), de Rio-de-Janeiro.

Mosaïques.

CLASSE XXX

Fils et tissus de coton.

1. Aimau (José). Rio-de-Janeiro.

Couverture de lit.

2. Commission Centrale de la province de Minas Geraes.

Pièces de coton.
Nappe croisée.
Serviette toilette croisée.
Serviette toilette lisse.

3. Commission Centrale de Rio-de-Janeiro.

Coton blanc.
Échantillon d'indienne.
Indienne de Saô-Paulo.
Indienne nuances mélangées.
Écheveaux de coton de couleur.
Coton en rame de couleur.
Indiennes diverses.
Drap avec franges.
Nappe.
Jupon brodé.

4. Companhia Brazil Industrial de Rio-de-Janeiro.

Tissus coton.
Oxford.
Indienne.

5. Companhia Petropolitana de Rio-de-Janeiro.

Tissus coton.
Cretonne.
Calicot.

6. Companhia Tecidos do Rinck (Rio-de-Janeiro).

Collection tissus de coton de couleur.

7. Guedes et Cie (Manoel) de Tatuhy (San-Paulo).

Indienne.
Oxford supérieur.
Coton supérieur.
Coton en rame.
Calicot teint.
Calicot blanc.

8. Rœder (Gustave), de Rio-de-Janeiro.

Tissus coton.

9. Wilmot et Cie (Clemente-H.), de Saô-Paulo.

Indienne.
Coton 1re qualité.
Coton tressé.
Coton venitien.
Échantillons indienne.

CLASSE XXXI

Fils et tissus de laine, de chanvre, etc.

1. Fabrica de Tecidos do Rinck.

Tissus de laine.
Draps divers.
Couvertures laines.
Couvertures en feutre pour chevaux.
Couvertures de voyage.

2. Wilmot et **C**ie (Clemente-H.), de Saõ-Paulo.

Pièce toile à voiles.
Fil pour bas.

CLASSE XXXII

Fils et tissus de laine peignée. — Fils et tissus de laine cardée.

1. Fabrica de Tecidos do Rinck.

Draps noirs.
Casimir, différentes couleurs.
Draps et couleurs.
Feutres et lainages.

2. Guedes et **C**ie (Manoel), (Tatuhy), Saõ-Paulo.

Casimir supérieur.

3. Wilmot et **C**ie (Clemente-H.), de Saõ-Paulo.

Pièces casimir.
Échantillons casimir.

CLASSE XXXIII

Soie et tissus de soie.

1. Boiteux (H.), de Rio-de-Janeiro.

> Soie.
> Dentelle.
> Ouvrage en soie couleur.
> Échantillons tissu soie.

2. Faria (Fabio-Antonio), de Rio-de-Janeiro.

> Écheveaux soie pure blanche et jaune.
> Dentelles.

3. Lambert (Virgilio), de Saô-Leopoldina.

> Soie.

4. Rezende (Maria de), de Rio-de-Janeiro.

> Échantillons soie blanche et jaune.

5. Xavier (Thereza), de Rio-de-Janeiro.

> Mouchoir à jour.

CLASSE XXXIV

Dentelles, tulles, broderies et passementeries.

1. Alvel (Frederic-Von), de Rio-de-Janeiro.

> Ouvrages en soie.

2. Boris frères, de Ceara.

Ouvrages en dentelles,

3. Colonie des Orphelins de Pernambuco.

1 Nappe de labyrinthe.
2 Mouchoirs de labyrinthe.

4. Commission de Pernambuco.

Devant de chemise en dentelle.

5. Ducasble (Alfred), de Pernambuco.

Mouchoir aux bords ourlés.
6 Mouchoirs différents en labyrinthe.
3 Devants pour robe ou corsage.
1 Cravate.
1 Col.
1 Éventail.
3 Nappes.
2 Taies d'oreiller.
Dentelles et bordures diverses.

6. Guimaraès (J.-A. da M.), de Pernambuco.

Cordon de rideaux en soie et or.

7. Lopes (J. Fernandes), de Pernambuco.

2 Tableaux bordés de fleurs.

8. Mafra (Claudina), de Rio-de-Janeiro).

Échantillons de dentelles.

9. Maison des Exposés de Pernambuco.

Crochet avec ombre.
2 Taies d'oreiller bordées à la main.
1 Mouchoir de labyrinthe à la main.

10. Moura (Flora), de Pernambuco.

Tableau en laine tricotée.

11. M. Moura (Joanna), de Pernambuco.

Tableau en laine tricotée.

CLASSE XXXV

Articles de bonneterie et de lingerie. Objets accessoires de vêtements.

1. Boris frères, de Ceara.

> Cannes en racine de cajuier.
> Cannes en racine de cajuier vernies.
> Cannes en racine de carnauba.
> Cannes en racine de caféier.
> Cannes en racine de cannella de veado.
> Cannes en racine de caféier lisse.

2. Commission de Pernambuco.

> Vêtement pour enfant en dentelles et rubans.

3. Fabrique de Tecidos, de Saô-Lazaro.

> Bas pour hommes.
> Bas pour dames.
> Tricot de coton.

4. Gérard (J.), de Pernambuco.

> Gants.

5. Papoula et Cⁱᵉ, de Pernambuco.

> 6 Chemises de différentes qualités.
> 6 Faux-cols en pur fil.

6. Pinho et Cⁱᵉ (J.-J.), de Rio-de-Janeiro.

> Gants.

CLASSE XXXVI

Habillements des deux sexes.

1. Bittencourt (J.), de Rio-de-Janeiro.

Formes pour chaussures.

2. Bittencourt (A.-L.), Rio-de-Janeiro.

Fleurs artificielles en plumes.

3. Boris frères, de Ceara.

Chapeau de paille.
Chapeau de paille sinimbú.

4. Carvalho, Andrade et **C**ie, de Rio-de-Janeiro.

Chaussures.

5. Commission de Pernambuco.

Chapeau en timbó (liane du Brésil).
Fleurs artificielles.

6. Ferreira, Nicoláu et **C**ie, de Rio-de-Janeiro.

Chaussures.

7. Freitas, Soares et **Rocha**, de Rio-de-Janeiro.

Chaussures.

8. Lion et **Fille**, de Rio-de-Janeiro.

Corset.

9. Maïa (F.-A. Azevedo), de Pernambuco.

Cravates pour homme.
Chapeau pour enfant.

10. Maïa et Cⁱᵉ (A.-J.), de Pernambuco.

> Une collection de chapeaux en feutre.
> Une collection de chapeaux en soie.

11. Oliveira (J.-M.-P.), de Rio-de-Janeiro.

> Fleurs artificielles.

12. Pinheiro-Requiaõ, de Bahia.

> Spécimens de chapeaux de feutre.
> Spécimens de chapeaux de soie.

13. Ribeiro (Antonio-Fernandes), de Rio-de-Janeiro.

> Paire d'épaulettes.

14. Rocha (Ant. José da), San Paulo.

> Chaussures.

15. Silveira (C.-V. da), de Pernambuco.

> Souliers en peau de boa.

16. Schritzmeyer (Joâo-Adolfo), de Saô Paulo.

> Chapeaux d'hommes.

CLASSE XXXVII

Joaillerie et Bijouterie

1. Cavalcanti (Vicomtesse de), Rio-de-Janeiro.
> Bijoux brésiliens du siècle dernier.

2. Ducasble (Alfred), Pernambuco.
> Bijoux du commencement de ce siècle.

CLASSE XXXVIII

Armes portatives, de chasse.

1. Arsenal de Guerre, Rio-de-Janeiro.

>Carabine Winchester.
>Carabine Comblain.
>Mousquet.
>Sabre de cavalerie.
>Sabre d'artillerie.
>Revolvers Nagan.
>Fusils.
>Lames.
>Balles.
>Sabre-baïonnette.
>Pistolet.

CLASSE XXXIX

Objets de voyage et campement.

1. Boris frères, Baturité (Ceara).

>Hamacs.

2. Mesnard et J. Develly, Rio-de-Janeiro.

>Malle américaine.

3. Marinho (Manoel), Rio-de-Janeiro.

>Malle en cuir.
>Malle en cuir, coins arrondis.
>Malle plate.
>Valise.

CLASSE XLI

Produits des exploitations des mines et de métallurgie.

1. Aguilar (J. de), de Diamantina.

Sable diamantifère de Sopa.

2. Andrade (Dr Carlos-Gabriel d'), de Ouro-Preto.

Pyrites aurifères.
Quartzite.
Stibine.
Doldinié (or par tonne, 42 grammes), provenant de la mine de Paciencia, paroisse du Rio das Pedras Ouro-Preto.

3. Azevedo Maia et Cᵃ, de Pernambuco.

Échantillon sable fin.

4. Barboza fils, de Santa-Barbara.

Fer en barres, fabriqué par le procédé direct dans la forge de Gandarela, avec le minerai en poudre olégiste et oxyde de manganèse.

5. A. Bloch, Paris.

Tourmalines.
Aigues-Marines.
Améthystes.
Chrysolithes.
Diamants bruts dans la guangue.
Collection de cristaux de roche.

6. Casa de Correicção, de Rio-de-Janeiro.

Vases, pierre de granit.
Cubes, pierre de granit.

7. Catao Gomes, Gardin (ingénieur), de Diamantina.

> Conglomérats de diamants du Jequity-uassú du
> Rio-Pardo-Grande et de Accaba Sacco.
> Argile diamantifère de Boa-Vista.
> Graviers peu roulés des placers de Perpetua.

8. Cavalcanti (vicomtesse de), Rio-de-Janeiro.

> Améthistes.
> Topazes.
> Aigues-marines.
> Beryls.

9. Commission Centrale de Minas Geraes.

> Pyrites aurifères.

10. Commission Centrale de Pernambuco.

> Eau ferrugineuse.
> Flacon de blanc.
> Flacon de phosphate de chaux extrait de l'îlot,
> près de la Pénitencière de Fernando, à 60 milles
> au nord de Pernambuco.

11. Commission Centrale de Rio-de-Janeiro.

> Ciment.

12. Compagnie Arroio-dos-Ratos de Rio-Grande.

> Pierre charbon.
> Échantillons minerais.

13. Compagnie d'édification de Pernambuco.

> Terre glaise grise, rouge, violette et jaune.
> Argile pour la fabrication des poteries communes.
> Sable fin en usage dans la céramique.
> Terre glaise (massapé).

14. École des Mines d'Ouro-Preto.

> Quartz et quartzite aurifères avec minéraux
> sulfurés rares et quelquefois des sourmalines.

14. École des Mines d'Ouro-Preto *(Suite)*.

Minerais d'or avec fer oligiste, etc. Ces échantillons n'ont pas été choisis comme types de la richesse que peuvent atteindre les minerais aurifères de la province de Minas, mais comme représentant l'ensemble des roches qui contiennent de l'or dans les mines exploitées de la province.

Échantillons variés :

Minerais avec or visible de la mine de Carapatos.

Minerais de la mine de San-Luiz, avec or visible.

Quartzite grenu, aurifère de la mine de João Julio Alvarenga.

Quartzite aurifère.

Galène argentifère, avec or.

Bloc de pyrites martiales aurifères.

Échantillons de :

Minerai aurifère de la mine de Pary.

Itabirite friable contenant 911 gr. d'or.

Itabirites compactes.

Bloc d'argile ferrugineux, aurifère.

Blocs volumineux de fer oligiste schisteux, minerai de 1re qualité, contenant plus de 67 0/0 de fer.

Échantillons de :

Fer oligiste compact avec martite en cristaux octaédriques.

Fer oligiste, miracé, écailleux.

Fer oligiste grenu, avec magnétite.

Fer oligiste en poudre avec oxyde de manganèse.

Ibiniatite compacte avec magnétite.

Minerai de manganèse, très riche.

Cube de conglomérat ferrugineux employé à la construction de maisons, murs de clôture, pavage, etc.

Marbres divers.

Échantillons de barytine.

Échantillons d'amiante.

Graphite.

Échantillons de pierre ollaire.

14. École des Mines d'Ouro-Preto *(Suite)*.

Echantillons de minerais d'or de la mine de Cuiabá.

Echantillons de minerais d'or de la mine de Morro Velho.

Echantillons de fer oligiste grenu de la terre cacunda.

Echantillons de minerais d'or quartz aurifères avec pyrites martiales en cristaux cubiques (or par tonne 111 gr.).

Argile diamantifère avec rutèle, anastase, martite, oligiste et tourmalines.

Schistes micacés diamantifères avec martite, quartz oligiste, rutile.

Argile blanche diamantifère avec quartz.

Résidus de lavage des argiles et schistes diamantifères de San João de Chapada.

Résidus de lavage d'une argile diamantifère bleuâtre.

Quartzite micacé avec pyrite dystérie du gisement diamantifère du Grand-Mogol.

Graviers diamantifères du Jequitinhonha. Conglomérats qui accompagnent le gravier diamantifère, et, comme lui souvent, entièrement du diamant.

Conglomérats avec diamant et or.

Minéraux composant le gravier diamantifère.

Alumine hydratée.

Rutiles.

Rutiles pseudomorphes de l'anastase.

Anastases.

Fer titané.

Babiernies.

Xénotine.

Monarzite.

Klapoyline.

Pyrites martiales altérées transformées en limonite.

Quartz roulé avec or.

Cristaux d'or.

Petit caillou roulé avec or.

Platine du bassin du Jequetinhonha.

14. École des Mines d'Ouro-Preto (Suite).

> Résidus de lavage des graviers diamantifères d'où
> ont été extraits tous les minerais ci-dessus
> par M. Gorceix, directeur de l'École des Mines
> d'Ouro-Preto.
> Blocs de pierre ollaire de Santa Barbara.
> Blocs de pierre ollaire de Cattas Altas.
> Blocs de pierre ollaire de Conceição do Serro.
> Salpêtre naturel.
> Terre salpêtrée de la grotte Mata Mata, employée
> dans la fabrication de la poudre.

15. Fabrica San João d'Ipamena, de São Paulo.

> Minerais de fer.
> Lopin de fer brut.
> Lopin de fer battu.
> Echantillon fer malléable.
> Spécimens de matériaux réfractaires employés
> dans les hauts fourneaux.

16. Ferreira (Cr José), de Diamantina, de Almeida Brant.

> Conglomérats de diamants du Rio Pardo et de São
> João de Chapada.

17. Ferreira Brant Junior (Felisberto), de Diamantina.

> Minerais diamantifères de São João de Chapada.

18. Figueiredo (João Antonio de), de Diamantina et Dr Rabello.

> Salpêtre naturel.
> Terre salpêtrée.

20. Gorceix (H.), de Baependy.

> Spécimens marbre.

21. John del Rey Gold Mining Cᵒ, Minas-Geraës.

> Pyrites arsenicales.

22. Martins Guerra (Dr Domingos), de Itabira.

> Plombagine.
> Graphite utilisé pour la fabrication des creusets.

23. Minas de Tubarão, de Santa Catharina.

>   Bloc de charbon de terre.
>   Diamants octaèdres, dodécaèdres, scalinoèdres
>   conglomérat avec petits diamants.

24. Moreira da Silva (Séraphim), de Diamantina.

>   Minerais diamantifères des placers Calderes.

25. Museum National de Rio-de-Janeiro.

>   Minéraux.

26. Ouro Preto gold Mine limited (the), de Sabara.

>   Minerais d'or de la mine de Raposas.
>   Echantillons de divers points du filon de
>   mine de Passagem. Pyrites arsenicales.
>   Quartz.
>   Bismuth.

27. Penna frères et Cie, de Santa Barbara.

>   Argile et pyrites aurifères.
>   Limonite.
>   Hématite.
>   Sable creux et argileux.
>   Limonite concrétionnée avec hématite.
>   Sable ocreux quartzifère friable.
>   Sables quartzeux.
>   Quartzite friable.
>   Argile ferrugineux.

28. Rezende, Rio-de-Janeiro.

>   Couleurs minérales brutes.

29. Roiz Viotti (Domingos), de Baependy.

>   Eaux minérales de Sambary.

30. Roulina (Charles), Paris.

>   Diamants bruts pour vitriers.
>   Diamants bruts cannavieras.
>   Diamants bruts boort boule.
>   Diamants bruts noirs (carbon).

31. Rousseau (Paul), Paris.

Topazes du Brésil.

32. Steckel, Rio-de-Janeiro.

Couleurs minérales brutes.

33. Veiga (Bernardo-Saturnino de), de Lambary.

Eaux minérales de Lambary.

CLASSE XLII

Produits des Exploitations et des Industries forestières.

1. Anastacio (Antonio), Santa Leopoldina.

Liasse lianes de timbo.

2. Arsenal de marine de Pernambuco.

Boîte de *Jacaranda* (palissandre) contenant 30 morceaux de bois, propres à la construction des navires, des maisons, des meubles, etc., construit par Nicolau.

3. Atalaya (Candido Barboza d'), Santa Leopoldina.

Échantillons bois roxa.
Échantillons bois imbuia de rego.
Échantillons bois cedro.
Échantillons bois jacaranda.
Échantillons bois caburida.
Échantillons de bois jacaranda.
Échantillons de bois peroba.
Échantillons de bois imbuia fulcha.
Échantillons de bois canella preta.
Échantillons de bois cangerana.

3. Atalaya (Candido Barboza d'), Santa-Leopoldina *(Suite)*.

> Échantillons de bois pimentinha.
> Échantillons de bois gráuna.
> Échantillons de bois imbuia amarella.

4. Athayde (D^r F^{co}), Victoria.

> Échantillons bois macasia.
> Échantillons bois iba.
> Échantillons bois ípê-preto.

5. Athayde (Dr Francisco), Baixo Pimbohy.

> Échantillons bois de tapinhoam.

6. M. Athayde (D.-F.), Conde d'Eu.

> Échantillons de bois arariba amarello.
> Échantillons de bois faia.
> Échantillons de bois jacaranda cipo.
> Échantillons de bois gonçalo alves.
> Échantillons de bois cedro real.
> Échantillons de bois páo Brazil.
> Échantillons de bois sucupira.
> Échantillons de bois açu-tu-pê
> Échantillons de bois Boninko.
> Échantillons de bois garauna preta.
> Échantillons de bois guarabu-mirim.
> Échantillons de bois amarello ou vinhatico.
> Échantillons de bois gitahy-peba.
> Échantillons de bois Larangeira do matto.
> Échantillons de bois canella amarella.
> Échantillons de bois canella dura.
> Échantillons de bois canella preta.
> Échantillons de bois cangerana.
> Échantillons de bois maçaranduba.
> Échantillons de bois aderno.
> Échantillons de bois jacaranda rose.
> Échantillons de bois joeirana.
> Échantillons de bois bicuiba.
> Échantillons de bois peroba amarella.
> Échantillons de bois ipê tabaco.
> Échantillons de bois sapucaia.

6. M. Athayde (D.-F.), Conde d'Eu *(Suite)*.

Échantillons de bois peroba.
Échantillons de bois paõ d'oleo.
Échantillons de bois oleo de coco.
Échantillons de bois cerejeira.
Échantillons de bois amarello ou vinhatico.
Échantillons de bois arariba amarello.
Échantillons de bois tabaritinga.
Échantillons de bois paõ heixe.
Échantillons de bois cedro.
Échantillons de bois ipé.
Échantillons de bois oiticica.
Échantillons de bois arariba amarello.
Échantillons de bois amarello.
Échantillons de bois arariba rosa.
Échantillons de bois garauna parda.
Échantillons de bois oleo vermelho.
Échantillons de bois ipê-assu.
Échantillons de bois tapinhoam.
Échantillons de bois oleo branco.
Échantillons de bois amarello.
Échantillons de bois taia.
Échantillons de bois tapinhoam.
Échantillons de bois oleo branco.
Échantillons de bois oleo vermelho.
Échantillons de bois pegina.
Échantillons de bois canella coco.
Échantillons de bois arariba.
Échantillons de bois jacaranda preto.
Échantillons de bois jacaranda cabinna.
Échantillons de bois tapinhoam.
Échantillons de bois imbuia do rego.
Échantillons de bois macanahiba.
Échantillons de bois sapucaia verdadeira.
Échantillons de bois canella parda ou goiaba.
Échantillons de bois de ipé.
Échantillons de bois Páo Brazil.

7. M. Avellar (J. Gomes R. d'), Rio-de-Janeiro.

Échantillons de troncs de bois.

8. M. Avellar (J. Gomes R. d'), Vassouras.

Bois de guarabu.
Bois de sucupira.
Bois de poirier.
Bois de peroba.
Bois de jacaranda.
Bois de trariba.
Bois de ipé.
Bois de jacaranda.
Bois de jacaranda roxo.

9. Azul (Baron de Serro), Paraná.

1. Album contenant échantillons d'araucaria brasiliensis et de imbuia brasiliensis.

10. Baptista (Thomas-Dias), Imbituva.

Échantillons de bois canella sassafraz.
Échantillons de bois cangerana.
Échantillons de bois coentrilho.
Échantillons de bois imbuia.
Échantillons de bois pinho.
Échantillons de bois peroba.
Échantillons de bois louro.
Échantillons de bois garocaia.
Échantillons de bois canelliñha.
Échantillons de bois cabriuva.
Échantillons de bois canella fistula.
Échantillons de bois caroba.

11. Barboza Filho (José), Espirito-Santo.

Paquet lianes clou.
Paquet lianes quaimbé.
Paquet lianes cannelle.

12. Bella Vista (Scierie à vapeur), São Paulo.

Échantillons de cangerana.
Échantillons de peroba vermelha.
Échantillons de peroba mirim.
Échantillons de gonçalo alves.
Échantillons de cedro.
Échantillons de chicopira.

12 Bella Vista (Scierie à vapeur). São Paulo *(Suite)*.

Échantillons de guarata.
Échantillons de guarata.
Échantillons de ipé.
Échantillons de angelim.
Échantillons d'arança piranga.
Échantillons de caixeta.
Échantillons de passariuva.
Échantillons de pereira branca.
Échantillons de pereira vermelha.
Échantillons de canella batalha.
Échantillons de cabreuva.
Échantillons d'imbuia.
Échantillons de sapopema.
Échantillons de oleo de Jatahy.
Échantillons de araruana.
Échantillons de guataimbu branco.
Échantillons de Payuva.
Échantillons de guaraúna.
Échantillons de pinho.
Échantillons de grumichama.
Échantillons de guamerim.
Échantillons de vinhatico.
Échantillons de peroba do campo.
Échantillons de cabuina vermelha.
Échantillons de carvalho branco.
Échantillons de carvalho preto.
Échantillons de jacaranda vermelho.
Échantillons de jacaranda pardo.
Échantillons de canelia vermelha.
Échantillons de canella amarella.
Échantillons de canella preta.
Échantillons d'oleo pardo.
Échantillons d'oleo preto.
Échantillons de sucupira.
Échantillons de arariba rosa.

13. Boris frères. Ceará.

Bois d'angico.
Corbeille en paille de carnauba.
Linha de páo d'arco.

14. Braga (M.-J.-S.), Victoria.

> Echantillons de bois palada.

15. Braz da C. Silva (J.), Pernambuco.

> Morceau de bois jaug.
> . Embira blanche et rouge.

16. Braga (J. de S.), Itapemerim.

> Echantiilons bois cedro rosa.

17. Camara, Mlle de Fermora, Rio-de-Janeiro.

> Echantillons divers végétaux.

18. Candido (Ludgero) Cucumatahy.

> Matières tannantes.
> Écorces de mangue.

19. Carvalho et C^ia (Moreira) Rio-de-Janeiro.

> Échantillons de genipapo.
> Échantillons de canella parda.
> Échantillons de arariba branco.
> Échantillons de jequitiba.
> Échantillons de vieux chêne.
> Échantillons de oleo amarello.
> Échantillons de oleo pardo.
> Échantillons de cedro.
> Échantillons de cutucanhem preto.
> Échantillons de peroba tigre.
> Échantillons de gurubú.
> Échantillons de cutucanhem branco.
> Échantillons de peroba tigre.
> Échantillons de arauaria.
> Échantillons de peroba ruciarevessa.
> Échantillons de setim.
> Échantillons de grumarim.
> Échantillons de bois du Brésil.
> Échantillons de garaba.
> Échantillons d'imbuia.
> Échantillons de palissandre.
> Échantillons d'iry.
> Échantillons de roxinho do Pará.

19. Carvalho et Cⁱᵃ (Moreira), Rio-de-Janeiro (*Suite*).

Échantillons de vinhatico.
Échantillons d'araribá rose.
Échantillons de bois rose.
Échantillons de cerejeira.
Échantillons de cèdre de Bahia.
Échantillons de mirapenim.
Échantillons de peroba branca.
Échantillons d'angelim.
Echantillons de peroba revessa.
Échantillons de saboarama.
Paquet de lianes.
Échantillons de cipó florão (liane).

20. Cavalcanti (Vicomte de), Rio-de-Janeiro.

Échantillons de acoita cavallo.
Échantillons de páo d'arco.
Échantillons de sucupira preta.
Échantillons de aderno vermelho.
Échantillons de sucupira rose.
Échantillons de peroba do campo.
Échantillons de cabuariba.
Échantillons de oleo vermelho.
Échantillons de aderno pardo.
Échantillons de vinhatico estirado.
Échantillons de canella violetta.
Échantillons de grapiapunha.
Échantillons de ipé tabaco.
Échantillons de pinho branco.
Échantillons de guaracica.
Échantillons de oyticica.
Échantillons de canella veado.
Échantillons de cedre de Bahia.
Échantillons de carne de vacca.
Échantillons de ubatam rajado.
Échantillons de ubatam.
Échantillons de Angelim violetta.
Échantillons de oleo pardo.
Échantillons de cangirana.
Échantillons de graúna.
Échantillons de grossahy.

20. Cavalcanti (Vicomte de). Rio-de-Janeiro (*Suite*).

    Échantillons de vinhatico flôr d'algodão.
    Échantillons de oleo jatahy.
    Échantillons de pão setim (Pará).
    Échantillons de pequiá.
    Échantillons de mangaló.
    Échantillons de genipapo.
    Échantillons de aderno.
    Échantillons de camboim.
    Échantillons de maracahuba.
    Échantillons de obapeba.
    Échantillons de cacunda.
    Échantillons de cacunda revessa.
    Échantillons de sapucaia clara.
    Échantillons de guarabú escuro.
    Échantillons de cèdre rose.
    Échantillons de louro aromatico.
    Échantillons de louro vinhatico.
    Échantillons de peroba vermelha.
    Échantillons de peroba branca.
    Échantillons de peroba resinosa.
    Échantillons de arariba rosa.
    Échantillons de guarabú.
    Échantillons de araribá amarello.
    Échantillons de araribá velho.
    Échantillons de araribá potonupé.
    Échantillons de angelim rose.
    Échantillons de jacarandá violetta.
    Échantillons de peroba parda.
    Échantillons de arirabá encarnado.
    Échantillons de caracahy.
    Échantillons de sucupira-mirim.
    Échantillons de sapucaia escura.
    Échantillons de bico de pato.
    Échantillons de jatahy peba.
Massaranduba.
Camará.
Canella tapinhoam.
Pinho (Paraná).
Copahyba.
Tapinhoam.
Merindiba.

20. Cavalcanti (Vicomte de), Rio-de-Janeiro *(suite)*.

Canella amarella.
Canella parda.
Canella preta.
Copahyba olessa.

21. Commission de la Province de Minas Geraes.

Bois d'ébénisterie et de construction.

Aroeira.
Jacaranda violetta.
Amarelinho.
Ipê.
Jacaré.
Jacaranda cabuina.
Balsamo.
Jatoba.
Jacaranda do matto.
Vinhatico do matto.
Angelim do matto.
Peroba amarella.
Aroeira Landy Moreira.
Páo de vinho.
Pano fino.
Bambuhy.
Páo Brazil de Rio Doce.
Marinheiro do matto.
Jacaranda negro.
Páo d'Arco.
Jacaranda vermelho.
Brauna Branca.
Jatoba vermelho.
Garabu.
Cedro.

Feuilles de :

Aroeira.
Jacaranda.
Tan.
Jacaranda tan.
Jacaranda rajado.
Sebastian arruda.

21. Commission de la Province de Minas Geraes

(Suite).

Vinhatico amarellado.
Vinhatico vermelho.
Balsamo.
Amoreira.
Sassafraz.
Peroba vermelha.
Mangabeira.
Sucupira monjolo.
Cedro.
Jatoba do matto.
Candeia do matto.
Aricurana.
Jatoba.

22. Commission de la Province de Pernambuco.

Un paquet de ouricury.
Un paquet de liège.
Un paquet de cuypana.
2 Flacons châtaignes de cajú.
1 Flacon graines de castanholas.
2 Grands paniers d'uruba (panancum).
1 Morceau de bois violeta.
54 Échantillons de bois divers.
Cannes.
Paniers en timbó (liane indigène).
1 Flacon contenant des châtaignes de cajú.

23. Conceiçaõ (Antonio Pedro da), Victoria.

Gervão.
Arruda.
Herva Santa.
Semences de cedro.
Bois et racines du ariticum.
Capim aromatico.
Racines de salsa bombiuna.
Feuilles de sureau.
Maririsso.

23. Conceiçaõ (Antonio Pedro da), Victoria (*Suite*).

> Fedegoso.
> Menstruts.
> Farriguin.
> Cataia.

24. Freitas (J. Vieira de), Victoria (Espirito Santo).

> Racine de fedegoso.

25. M. Ferreira (Jules-Manuel), Vienna (Espirito Santo).

> Lianes (timbó).

26. Gremio (Espirito Santo).

> Échantillon de caïxeta.
> Échantillon de guapiba branca.
> Échantillon de jacaranda.
> Échantillon de araça do matto.
> Échantillon de mássaranduba.
> Échantillon de tatú.
> Échantillon de vinhatico.
> Échantillon de pereira.
> Échantillon de sucupira.
> Échantillon de cannella do Brejo.
> Échantillon de sucupira.
> Échantillon de tabuy.
> Échantillon de setim.
> Échantillon de roseira.
> Échantillon de cedro.
> Échantillon de peroba.
> Échantillon de jacaranda.
> Échantillon de canella preta.
> Échantillon de peroba.
> Échantillon de ipê peroba.
> Échantillon de guarajuba.
> Échantillon de jacaranda.
> Échantillon de roxino.
> Échantillon de vinhatico.
> Échantillon de peroba.
> Échantillon de cobiurra.
> Échantillon de bicuiba.

27. Gremio Bibliothecario, Victoria.

Échantillon bois corcunda.

28. Gremio Cachoeirano, Victoria.

Echantillon bois tumbuiba.

29. Instituto fluminense d'Agricultura, Rio-de-Janeiro.

Madrier camphre.
Planche araribá.
Cèdre rouge.
Tores bois différents.
Madrier pinho de Paraná.

30. Jordao Irmãos (Miranda), Espirito Santo.

Échantillon urubu preto.
Echantillon negro mina.
Échantillon torta miuda.
Échantillon aráuba.
Échantillon sucupira.
Échantillon cedro.
Échantillon mirahituaba.
Échantillon argan.
Échantillon bráuna preta.
Échantillon bico de pato.
Échantillon de bois jurubu-roxo.
Échantillon de bois pellado.
Échantillon de bois oleo-vermelho.
Échantillon de bois guarapeba.
Échantillon de bois ipé tabaco.
Échantillon de bois cacunda.
Échantillon de bois grabux assu.
Échantillon de bois cangerana.
Échantillon de bois bráuna ruiva.
Échantillon de bois tatú.
Échantillon de bois arapoca.
Échantillon de bois amendoim.
Échantillon de bois garapa.
Échantillon de bois brauna.

31. Julio et Irmâo, Pernambuco.

> Bois du Brésil (campêche).
> Tintajuba (bois jaune pour meubles).
> Bois caoutchouc du mangabier.

32. Leal (Bazilio-Émilio dos Santos), Riacho (Espirito Santo).

> Bois de araribá branco.
> Bois de tapinhoaun mulato.
> Vinhatico amarello.
> Bois de oleo vermelho.
> Bois de cerejerio malhado.
> Bois de guarapiapunha.
> Bois de peroba limbeira amarella.
> Bois de louro amarello.
> Bois de caniga.
> Bois de gáuna parda.
> Bois de araribá amarello.
> Bois de sobro vermelho (peroba).
> Bois de ipê tabaco.
> Bois de cedro vermelho.
> Bois de louro preto.
> Bois de vinhatico branco.
> Bois de brazil.
> Bois de louro branco.
> Bois de araribá.
> Bois de lapucará.
> Bois de gramma preta.
> Bois de cannella cheirosa.
> Bois de aparaju.

33. Lopez (Joao-F.), Pernambuco.

> Querys (bois très dur et fort).

34. Leal Irmaos, Pernambuco.

> Noix de coco de sapucaya.

35. Lepage (José-F.), de Barbacena (Minas Geraes).

> Échantillons de bois de flor de quaresma.
> Échantillons de bois de barbatinâo.
> Échantillons de bois de jiquitiba branco.
> Échantillons de bois de marianeira.

35. Lepage (José-F.), de Barbacena (Minas Geraes) *(Suite)*.

Échantillons de bois de canella ruiva.
Échantillons de bois de canella pimenta.
Échantillons de bois de litchy.
Échantillons de bois de jacarandá amarello.
Échantillons de bois de almecegueira.
Échantillons de bois de vinhatico cabelleiro.
Échantillons de bois de cravo da terra.
Échantillons de bois de lantim.
Échantillons de bois de licorona parda.
Échantillons de bois de amoeira do campo.
Échantillons de bois de jacarandá vermelho.
Échantillons de bois de larangeira vulgar.
Échantillons de bois de pecegueiro cultivado.
Échantillons de bois de amexeira da terra.
Échantillons de bois de ipê preto.
Échantillons de bois de paineira.
Échantillons de bois de caina roxeado.
Échantillons de bois de jambo da terra.
Échantillons de bois de mangueira.
Échantillons de bois de páo de carvao.
Échantillons de bois de canella de cheiro.
Échantillons de bois de canella tapinhoam.
Échantillons de bois de jacarandá parda.
Échantillons de bois de azedinha do brejo.
Échantillons de bois de pao cravo amarello.
Échantillons de bois de piquia marfim.
Échantillons de bois de vinhatico amarello.
Échantillons de bois de pereira branca.
Échantillons de bois de areticu do matto.
Échantillons de bois de muricy branco.
Échantillons de bois de canna de macaco.
Échantillons de bois de espinheiro gigante.
Échantillons de bois de angelim amargoso.
Échantillons de bois de bico de papagaio.
Échantillons de bois de landirana.
Échantillons de bois de peroba amarella.
Échantillons de bois de páo caixeta.
Échantillons de bois de eucalyptus.
Échantillons de bois de canella batalha.
Échantillons de bois de casca d'anta.
Échantillons de bois de ipê ruivo.

35. Lepage (José-F.), de Barbacena (Minas Geraes) *(Suite)*.

Échantillons de bois de piuma parda.
Échantillons de bois de jacarandá tan.
Échantillons de bois de canella parda.
Échantillons de bois de louro amargoso.
Échantillons de bois de jaboticabeira do matto.
Échantillons de bois de canjérana do matto.
Échantillons de bois de pão santo.
Échantillons de bois de copahyba branco.
Échantillons de bois de piuma amarella.
Échantillons de bois de gibata vermelha.
Échantillons de bois de araribá roxo.
Échantillons de bois de jacarandá roxo.
Échantillons de bois de canna (fistola do brejo).
Échantillons de bois de alecrim do campo.
Échantillons de bois de laranjeira do matto.
Échantillons de bois de pinheiro.
Échantillons de bois de mangue de sapateiro.
Échantillons de bois de jamacaru.
Échantillons de bois de canella branca.
Échantillons de bois de angico vermelho.
Échantillons de bois de bicuiba vermelha.
Échantillons de bois de barahuna.
Échantillons de bois de folhas largas.
Échantillons de bois de cedro testa de boi.
Échantillons de bois de gráuna.
Échantillons de bois de tres folhas brancas.
Échantillons de bois de gibatan rajado.
Échantillons de bois de fumo branco do matto.
Échantillons de bois de guarita.
Échantillons de bois de conconheira.
Échantillons de bois de palmeira.
Échantillons de bois de camarina.
Échantillons de bois de aroeira de minas.
Échantillons de bois de licorana.
Échantillons de bois de oleo vermelho.
Échantillons de bois de augelim pedra.
Échantillons de bois de dedaes.
Échantillons de bois de bicuiba branca.
Échantillons de bois de angico de minas.
Échantillons de bois de cabreuva parda.
Échantillons de bois de jetahy amarello.

35. Lepage (José-F.), de Barbacena (Minas Geraes) *(Suite)*.

Échantillons de bois de tambu.
Échantillons de bois de jacarandá rose.
Échantillons de bois de zumbi amarello.
Échantillons de bois de carapa.
Échantillons de bois de capucaeira.
Échantillons de bois de páo de cortiça.
Échantillons de bois de sucupira.
Échantillons de bois de mandioca do matto.
Échantillons de bois de guarubá.
Échantillons de bois de jacuá branco.
Échantillons de bois de muricy vermelho.
Échantillons de bois de maria preta
Échantillons de bois de canella veado manço.
Échantillons de bois de angelim rose.
Échantillons de bois de sebastiao d'aruda.
Échantillons de bois de ipê tabaco.
Échantillons de bois de baga parda.
Échantillons de bois de guatambu.
Échantillons de bois de guabiroba mineira.
Échantillons de bois de sanguineo.
Échantillons de bois de acoita cavallo.
Échantillons de bois de sapucaira branco.
Échantillons de bois de carne de vacca.
Échantillons de bois de canella mulata.
Échantillons de bois de vinhatico chamosate.
Échantillons de bois de jacarandá roxo.
Échantillons de bois de canella preta.
Échantillons de bois de cabiona preta.
Échantillons de bois de catiguaz.
Échantillons de bois de cedro castanho.
Échantillons de bois de peroba incarnadá rajada.
Échantillons de bois de limao do matto.
Échantillons de bois de candeia do campo.
Échantillons de bois de casca de barata.
Échantillons de bois de chorão.
Échantillons de bois de bordão de velha.
Échantillons de bois de pindahiba.
Échantillons de bois de macieira vulgar.
Échantillons de bois de sucopira parda.
Échantillons de bois de inga cabelludo.
Échantillons de bois de sucupira preta.

35. Lepage (José-F.), de Barbacena (Minas Geraes) *(Suite)*.

Échantillons de bois de chichá.
Échantillons de bois de leitinho.
Échantillons de bois de canna fistua dao mattao.
Échantillons de bois de cinco folhas.
Échantillons de bois de cabiura.
Échantillons de bois de peroba rosa.

36. Machado (Fº dos Santos), Victoria.

Échantillon de bois arariba.
Échantillon de bois guabú.

37. Machado (Fº dos Santos), Serra.

Échantillon de bois pereira.

38. Maia (João de) Aymores.

Échantillon de bois gonçalo alves.
Échantillon de bois cedro.
Échantillon de bois ipê revesso.

39. Maia et Cie (Azevedo), Pernambuco.

Échantillon de bois arariba amarello.
Échantillon de bois cordes.

40. Maia (João), Espirito Santo.

Échantillon de bois inhaibatam.

41. Maia (João), Victoria.

Échantillon de buis.

42. Malta (Bernardino), Victoria.

Échantillon de bois guarapú mirim.

43. Novaes (Campos), Victoria.

Échantillon de bois pau pereira.

44. Nuneo (C¹ Manoel Ferreira).

> Échantillon écorces de páu pereira.
> Échantillon bambou.
> Échantillon faisceau.
> Échantillon cacho de pacoba (on en extrait de l'encrě).

45. Neves (José de S.), Gouvea.

> Écorce de sovereira (employée pour faire des bouchons).

46. Passos (Francisco Roiz dos), S. Leopoldina.

> 1. Échantillon de baume.

47. Prado(Caio da Silva), Président de la Province de Ceara .

> Échantillon de bois pao branco.
> Échantillon de bois cipahuba.
> Échantillon de bois carnaúba.
> Échantillon de bois umary.
> Échantillon de bois balsamo.
> Échantillon de bois jugá.
> Échantillon de bois gonçalo alves.
> Échantillon de bois pao d'oleo.
> Échantillon de bois cumarú.
> Échantillon de bois aroeira.
> Échantillon de bois violeta.
> Échantillon de bois massaranduba.
> Échantillon de bois imbiratauba.
> Échantillon de bois pequiá.
> Échantillon de bois juharé.
> Échantillon de bois jurema.
> Échantillon de bois catingueira.
> Échantillon de bois jucá.
> Échantillon de bois páo d'arco.
> Échantillon de bois angico.
> Échantillon de bois limaõsinho.
> Échantillon de bois pintombeira.
> Échantillon de bois coração negro.
> Échantillon de bois tatajuba.
> Échantillon de bois pereiro.
> Échantillon de bois rabugem.
> Échantillon de bois perola.

47. Prado (Caio da Silva), Président de la Province de Ceara
(Suite).

Échantillon de bois sucupira.
Échantillon de bois cajazeira.
Échantillon de bois frei jorge.
Échantillon de bois canafistula.
Échantillon de bois casca grossa.
Échantillon de bois marfim.
Échantillon de goiabinha.
Échantillon de bois angelim.
Échantillon de bois pao bránco louro.
Échantillon de bois acende candeia.
Échantillon de bois de jatahy.

48. Rocha (João José da), de Tabua.

Matières tannantes et angico branco et vermelho
(acacia angico).

49. Rosa (Manoel Pinto d'Alvaranga), Victoria.

Une bibliothèque de bois avec échantillons en
forme de livres.
Échantillon de bois arariba.
Échantillon de bois angelim.
Échantillon de bois aderno.
Échantillon de bois amarello vinhatico.
Échantillon de bois cedro.
Échantillon de bois caprus.
Échantillon de bois cobi-corcunda.
Échantillon de bois folha larga.
Échantillon de bois guarabú assú.
Échantillon de bois guarabú mirim.
Échantillon de bois guarabú assú.
Échantillon de bois guerapá.
Échantillon de bois garanna parda.
Échantillon de bois ipê peroba.
Échantillon de bois ipê amarello.
Échantillon de bois ipê taba.
Échantillon de bois jequitiba.
Échantillon de bois louro.
Échantillon de bois jacarandá.
Échantillon de bois jacarandá tam.

49. Rosa (Manoel Pinto d'Alvaranga), Victoria *(Suite)*.

> Échantillon de bois peroba sobro.
> Échantillon de bois peroba.
> Échantillon de bois oiticica.
> Échantillon de bois oleo vermelho.
> Échantillon de bois paó roxo.
> Échantillon de bois peroba amarella.
> Échantillon de bois sul-brazil.
> Échantillon de bois sucupira.
> Échantillon de bois sapucaia.
> Échantillon de bois barigudo.
> Échantillon de bois baeba.
> Échantillon de bois ariba ajado.

50. Sa (Manoel Fereira de A.), de Rio Manzo.

> Échantillons de bois matières tannantes.
> Échantillons de bois écorce de candéia (camarca).
> Échantillons de bois imburaná.

51. Santos (José A. dos), de Pernambuco.

> Boîtes à cigarettes.

52. Santos (Martinho dos), de Victoria.

> Écorce de arejera.

53. Société Espirito Santense d'Immigration. Espirito Santo.

> Échantillons de bois arapoca.
> Échantillons de bois corcunda.
> Échantillons de bois iubasáo.
> Échantillons de bois caujena.
> Échantillons de bois arariba.
> Échantillons de bois guabú.

54. Société Espirito Santense d'Immigration. (Victoria).

> Liane.

55. Souza (Quintanilla et Cie) de Pará.

> Échantillons de bois muaracatiara.
> Échantillons de bois mirapinim.

55. Souza (Quintanilla et Cie), de Pará *(Suite)*.

> Échantillons de bois páo roxo.
> Échantillons de bois muaracatiara pintada.
> Échantillons de bois louro vermelho.
> Échantillons de bois sapucaia.
> Échantillons de bois páo d'arco amarello.
> Échantillons de bois marapauba.
> Échantillons de bois louro faia.
> Échantillons de bois muaracatiara vermelho.
> Échantillons de bois cupiúba.
> Échantillons de bois cedro vermelho.
> Échantillons de bois cedro branco.
> Échantillons de bois muarapiranga.
> Échantillons de bois meuúba branco.
> Échantillons de bois andiroba.
> Échantillons de bois louro bacaty.
> Échantillons de bois famanqueira.
> Échantillons de bois setim amarello.
> Échantillons de bois cedro roxo.
> Échantillons de bois itaúba.
> Échantillons de bois acapú.
> Échantillons de bois muaracatiara amarella.
> Échantillons de bois piquia.
> Échantillons de bois pao d'arco roxo.

56. Tagarro (Fr^{co}) (Victoria).

> Un tore de bois Pau Brésil.
> Copaux de bois imitant le papier.
> Barbatimão.
> Arariba rosa.
> Bois vinhatico.

57. Tegano Franco (Victoria).

> Échantillons de bois caïxeta.
> Échantillons de bois imbuia.
> Échantillons de bois jacaranda rego.
> Échantillons sapucariá.
> Échantillons de cedre rouge.
> Échantillons de bois louro preto.

58. Victoria (Th. José da), S. Léopoldina.

      Échantillon páupereira.
      Échantillon arriba rosa.
      Échantillon imbuia de rego.
      Échantillon cedro.
      Échantillon de pequia.

59. Ville de Diamantina.

      Matières tannantes.
      Écorce de mangue.

CLASSE XLIII

Produits de la chasse.
Produits, engins et instruments de la pêche et des cueillettes.

1. Alves Ferreira, de Gouvea.

      Peaux.

2. Alves (Vicente), de Pernambuco.

      Résine de Jatobá.

3. Andrade (Anselm Pereira de), de Medanha Diamantina.

      Caoutchouc de mangaba.

4. Andrade (Carlos), de Ouro Preto.

      Peaux de serpent.

5. Bastos (Manoel), de Pernambuco.

      Poeijo.

6. Bento da Costa, de Diamantina.

> Feuilles de caoutchouc brut de mangabeira.

7. Bentsman (Manoel), de Victoria (Espiritu Santo).

> Bouteille de tamarindos.

8. Besser-Fritz-Rhün (Adolf), de Rio-de-Janeiro.

> Flacon geriquiti.
> Cocons vers à soie.
> Cocons vers à soie, raies.
> Japonaises et normandes.

9. Boris frères, de Ceara.

> Sernamby de mangaba :
> Chão primeira.
> Primeira A.
> Primeira B.
> Caoutchouc sernamby.
> Caoutchouc sernamby chão.
> Caoutchouc de mangabeira.
> Caoutchouc machado.
> Éponges lavées.
> Éponges brutes.
> Peaux de bouc.
> Peaux de moco.
> Peaux de tijuassu.
> Peaux de caméléon.
> Peaux de loutre.
> Peaux de tamanduá.
> Peaux de sanglier.
> Peaux de renard.
> Peaux de maracajá.
> Peaux de cutia.
> Cordes en tucum caruamba.
> Carapace de tortues.
> Coquillages.
> Écorces de goiabeira.
> Semence de gergelim.
> Infusion de graines de carnauba.
> Racine de carnauba (sert dans les maladies syphilitiques et trouve son emploi dans les arts et dans l'industrie).

9. Boris frères, de Ceara *(Suite)*.

Cajarona.
Écorces de imburana.
Écorces de paô-férro (bois de fer); est employé dans
les maladies syphilitiques, scrofules, etc.
Écorce de cumarú.
Cabacinho.
Pied de carnahuba.
Feuilles imitant l'or.
Palmite de carnáuba.
Semence de maniçoba.
Semence de Mongubeira.
Semence de cacao.
Semence de mamona.
Semence d'urucu.
Gousses de tamarin.
Plumes d'ema.

10. M. Brandão Irmão, de Bahia.

1. Caoutchouc mangaba.

11. M. Brigido (João), de Ceara.

Étoile de mer (coquillage),
Semence de jucá.
Racines et feuilles d'onça (diurétrique).
Écorces de catuaba (puissant reconstituant em-
ployé dans les maladies nerveuses).
Semence de mulungú.
Pés fanchagen.
Almecega.
Écorces de Barbatimão.
Écorces de carrapixo de boi.
Champignons.
Feuilles de velame (la décoction de cette plante
guérit le charbon, les plaies les plus rebelles,
les rhumatismes syphilitiques, la goutte, etc.).
Feuilles de guebra-faco.
Écorce de pereiro.

12. Carneiro (Ant. Rodrigues), Ceara.

> Racine de milhome (plante grimpante, s'emploie contre les coliques et comme antidote du venin des serpents. Réduite en poudre, sa racine est utile dans les cas de gangrène).
>
> Racine de cobra (tim) (purgatif, guérit l'hydropisie, l'hystericie, l'engorgement du foie et de la rate).
>
> Ecorce de janaguba (dépuratif et emménagogue).
>
> Ecorce de barriguda (le fruit de cet arbre contient une laine très fine et très douce, très estimée pour les matelas; la racine s'emploie dans les traitements des hernies).
>
> Racine d'alcacuy.
>
> Pao chá de carne: contre les fièvres intermittentes en tisane; l'écorce et la racine sont purgatives et anti-syphilitiques.
>
> Ecorce de balsamo, ressemble à l'acajou, fournit une huile aromatique employée dans les officines.

13. M. Catao Gomes Jardim, de Diamantim.

> Peaux de serpent.
> Peaux de sucuy.
> Peaux de susunnara.
> Peau d'ariranha.

14. Commission de Pernambuco.

> Ortie puante (edegoso), plante médicinale.
> Velame (plante médicinale).
> Batate purgative.
> Plumes d'ema.

15. Commission Centrale de Minas Geraes.

> Peau de cutia.
> Peau de preguica.
> Peau d'Onca.
> Peau de Caiteru.
> Peau de tamandua.

16. Commission Centrale de Pernambuco.

> Hameçons.
> Filet pour pêcheur.
> Filet à traîne.
> Filet de fond.
> Aiguille à tricoter les filets.
> Tableau de coquillages.
> Nasse.

17. Conceição (Ant° Pedro de), Victoria.

> Ecorce de quina.
> Résine.
> Cui.

18. Costa (Anselmo-Pereira da), Diamantina.

> Feuilles de caoutchouc brut de mangabeira :
> *Haucornia pubescens.*

19. Costa (Jutinião Bento da), de Diamantina.

> Caoutchouc de mangaba.
> Barbatimão.

20. Costa Sena (Candido da), d'Ouro-Preto.

> Peaux de serpent.
> Peaux de sucurin.

Costa Sena (José de), serro (Minas Geraes).

> Ecorces de cana fistula.

21. Diniz de Gouvea, de Minas.

> Peaux.
> Peaux de renard.

22. Ducasble (Alfred), de Pernambuco.

> Collection de crustacés.
> Collection de coquillages.

23. Ferreira Brant (Cr José), de Diamantina

> Caoutchouc.

24. Gorceix, directeur de l'École des mines d'Ouro-Preto.

> Peaux de serpent.
> Peaux de sucurin.

25. Gouvea (Joaquim de), de Diamantina.

> Caoutchouc de mangaba.

26. Irmáo (Julio), de Pernambuco.

> Caoutchouc de mangaba.
> Épervier.
> Filet.

27. Lacerda et **C**ie.

> Caoutchouc du Para, qualité fine et pure en biscuit.

28. Lopes (João), Pernambuco.

> Œuf d'autruche.

29. Menier (Gaston), Paris.

> Échantillons de caoutchouc du Pará.

30. Novaes, de Victoria.

> Ambre.

31. Santa Anna Néry (Mme de), Paris.

> Échantillons de cacao.
> Échantillons de caoutchouc brut. { de l'Amazone.

CLASSE XLIV

Produits agricoles non alimentaires.

1. Abiahy (Baron), Parahyba do Norte.

> Résine.
> Rue de prairie (arruda) (plante médicinale).
> Feuille de mangabier (plante médicinale).
> Manipeïra (extrait du manioc).
> Junça.
> Juà (plante savonneuse et médicinale).
> Cire jaune.
> Fèves.
> Coton jaune.
> Cire de carnauba (palmier indigène).
> Ecorce de cajù.
> Résine de jatoba.
> Fibres de macahyba.
> Balles de coton.
> Petites balles de coton.
> Vanille.
> Gito (plante médicinale).
> Graines de mutamba (plante indigène).
> Bouteille huile de ricin.
> Bouteille huile de coco.
> Jucà (plante médicinale), de la famille des
> sapotacées.
> Saca-estrepe de campinas (plante herbacée de
> la famille des spenera-aerifera).
> Barba-timào (plante médicinale).
> Pimenta d'agoa (plante médicinale de la fa-
> mille des polygonam hydropider).
> Cebola cencen (plante médicinale de la famille
> des allium-cepa).

1. Abiahy (Baron), de Rio-de-Janeiro *Suite*.

> Arrapicho (plante indigène de la famille des urena-sinucta).
> Lingua de vaca (plante indigène médicinale de la famille des anchusa-italica).
> Cabeça de negro (plante indigène très employée en médecine).
> Ipécacuanha (plante médicinale aux propriétés émétiques) (solia-campestris).
> Malva (plante indigène) (malta silvestris).
> 2 tresses en cheveux végétaux.
> 5 paquets de fils de macahyba.
> 1 paquet de Carnaubeira (plante résineuse).
> 8 morceaux de angico (plante médicinale de la famille des pitecoloamvi-gummiferum).
> 1 paquet d'écorces d'angico.
> Coton herbace.
> Coton quebradinho.
> Coton créole.
> Lainage de barriguda excessivement légère, servant à la fabrication des matelas.
> Lainage de gravatá dito dito.
> Laine de canne, dito dito.
> Lainage de camomille.
> Quinquina (plante médicinale).
> Sipo-de-chumbo (liane-plomb).
> Erva-de-rato, de la famille des paiicourcamar-gravii.
> Pega-pinto (plante médicinale indigène).
> Graines de gergelim (plante herbacée de la famille des seramum-indicum.

2. Bittencourt (M.-J.), Rio-de-Janeiro.

> Plusieurs sortes de tabacs et de cigares.
> Tabacs et cigares.

3. Boris frères, Ceara.

> Coton.
> Coton herbacé.
> Coton quebrado.
> Coton créole.

3. Boris frères. Ceara (*Suite*).

> Coton de Aracaty.
> Coton de Viçosa.
> Coton de Pacatuba.
> Coton Acarape.
> Coton acarrhu.
> Coton uraburetama.
> Coton icó.
> Coton de Marauguape.
> Tabac en Carotte.
> Fibre de cravata.
> Fibre de buis.
> Résine d'angico.
> Tucum et paille de carnauba.
> Paille de carnauba pour balais.
> Paille de carnauba sans liane.
> Paille de carnauba avec liane.
> Pâte de carnauba.
> Huile de coco.
> Écorce de goiabeira.
> Huile de copahu.
> Résine dite « Almacega ».
> Tiges de carnauba.
> Huile de burity.
> Huile de bacaba.
> Huile de piquy.
> Huile de châtaigne.
> Fils de Pao d'Arco.
> Cire de carnauba.
> Résine de jatobá.
> Résine de cajuciro.
> Fibre de bananier.

4. Brigido (João). Ceara.

> Huile de Oiticica (Cette huile est peu employée à
> cause de son parfum violent si intense qu'on ne
> connait pas de moyens pour le faire disparaître).
> Huile de Piquy.

5. Carvalho (Ant. Lucio de), Rio-de-Janeiro.

> Chapeaux en liane de Timbo.

6. Carvalho et Irmào. Pernambuco.

> Boîte à cigarettes.

7. Club Cachoeirano Itapemerim (Espiritu Santo).

> Chapeaux de paille de maïs.
> Chapeaux copeaux de bois.

8. Commission de la province de Minas Geraes.

> Matières oléagineuses.
> Huiles, cires.
> Pinhào.
> Fruit de banleiras.
> Fruit de Myristica officinalis.
> Tabac en Carotte.
> Tabac en grains.
> Tabac en plaques.

9. Commission de Pernambuco.

> Flacon Gangibre (plante médicinale).
> Flacon sambambaia (plante médicinale).
> Fibres de macaïba.
> Coton brut.
> Flacons échantillons de tabac de Ri -Novo.
> Flacons échantillons de tabac du Para.
> Flacons échantillons de tabac dit du Pérou.
> Flacons échantillons de tabac Daniel.
> Échantillons tabac en corde.

10. Conceiçao (José B. da), Pernambuco.

> Fibres de soie et de lin de mauve.

11. Cordeiro (Paulo), Rio-de-Janeiro.

> Échantillons de tabac à priser.
> Échantillons de tabac à priser (rapé).

12. Cordeiro (João), Ceara.

> Huiles de gergelim.
> Huiles de catolé.

13. Correa et C (José Francisco).

> Tabac, échantillons divers.

14. Costa (A. Lopes da), Rio-de-Janeiro.
> Tabac.

15. Dannennann, Bahia.
> Collection de cigares de toutes forme et qualités
> (2 médailles d'or et 3 diplômes).

16. Demarchi (Scipioni), Rio-de-Janeiro.
> Fibres végétales.

17. Dutra (Alfredo), Ceara.
> Semence de theosinte.
> Semence d'embiriba.
> Racine de mangerioba.
> Semence de Pinhão (excellent vulnéraire, l'amande
> constitue un bon vomitif).
> Semence de cumarù.
> Racine de cigno de vacca (le suc de cet arbuste pos-
> sède des vertus basalmiques et emmenagogues).
> Semence de jucà (son infusion est employée dans les
> cas de toux rebelles et bronchites chroniques:
> sa teinture est supérieure à celle de l'arnica).
> Écorce mulungú (excellent calmant du système
> nerveux et puissant désobstruant du foie.
> Écorces de cabeça de negro (plante grimpante
> drastique, anti-syphilitique, anti-scorbutique). Il
> parait que pas une personne atteinte du choléra,
> ayant fait usage de la cabeça de negro, n'a
> péri.
> Racine de jurubeba (employée dans les cas de
> gonorrhée et d'affections syphilitiques).
> Racine de japecanga (anti-syphilitique).
> Racine de pega-pinto (diurétique).
> Feuilles de vassourinha la racine est anti-fébrile et
> s'emploie pour combattre les hémorroïdes; la
> tisane de vassourinha régularise la menstruation
> et fortifie l'utérus.
> Feuilles de mastruço (le suc s'emploie dans les
> cas de fractures, c'est un excellent consolidant).
> Écorces de Quina-Quina (tonique énergique anti-
> fébrile. Trouve également son emploi dans les
> cas de névralgies).

17. Dutra (Alfredo), Ceara (*Suite*).

> Écorces de Marmeleiro. S'emploient contre la toux.
> Écorces de pão d'arco (arbre gigantesque); l'écorce est anti-syphilitique et possède les mêmes propriétés que le guayac.
> Écorces de parreira brava. La racine guérit l'hydropisie, l'aménorrhée; le suc des feuilles constitue un antidote au venin des serpents.
> Écorces de carobá anti-syphilitique.
> Écorces gonçalo alves.
> Racines de patchouli.
> Racines de capeba.
> Racines de musanbé.
> Écorces de mutamba.
> Canna de maraco.
> Écorce d'Angelico (s'emploie pour combattre le venin des serpents et les fièvres intermittentes).
> Écorces-feuilles d'areira (astringent s'emploie contre la diarrhée).
> Écorces de jatoba (arbre superbe atteignant 100 à 140 palmes de hauteur); sa résine est un **excellent** remède contre l'hemopthysie.
> Feuilles de gito (drastique).
> Feuilles-racines d'erva mura.
> Andiroba (arbre magnifique qui fournit de l'huile, excellent spécifique contre les fièvres intermittentes).
> Écorce d'angico (s'emploie en bains dans le traitement de leucorrhées, enflure des jambes, etc.)

18. Entre-Rios, Minas Geraes.

> Cocons de vers à soie.

19. Fereira (Cel Nunes), Victoria (Espirito Santo).

> Résine de bicuiba.

20. Freitas (João), Pernambuco.

> Jurubeba (plante médicinale).
> Tamarinos
> Jurubeba (fruit indigène employé contre l'anémie).
> Tamarinos (fruits indigènes).

21. Fereira (João Migel Nunes), Espirito Santo.

> Huile cacho d'Anta.
> Huile de Copahu.

22. Gonçalves de Silva et Fernandes, Rio-de-Janeiro.

> Tabacs à fumer préparés.
> Cigarettes de paille.
> Cigarettes papier tabac « cangurú ».
> Cigarettes tabac *dit* de « Java ».
> Petits cigares.
> Tabacs (semence de « Java »).
> Tabacs (semence de « canguru »).
> Tabacs (semence de « Rio Novo »).
> Tabacs (semence de « goyano »).
> Tabacs (semence de « flora brazileira »).
> Tabacs en corde (Rio Novo).
> Tabacs en corde (goyano).
> Tabacs en corde (ganguru).
> Tabacs en corde (semence de Java).

23. Guerra-Martins (Domingo), de Minas.

> Échantillons de matières textiles.
> Embira (Malvacee).
> Malvaisco (Malvacee).
> Pita (Foncroya).

24. Kaleison (Isaac) Victoria (Espirito Santo).

> Herbe médicinale.

25. Lambert (Virgilio), Santa-Leopoldina (Espirito Santo).

> Cocons de vers à soie.

26. Lanatti (J.-B.), Pernambuco.

> Résines.

27. Leal (B. Emilio dos Santos), Riacho (Espirito Santo).

> Fils de Tucum.

28. Lepage (Francisco-José), Barbacena (Minas Geraes).

>   Huile volatile.
>   Résine et eucalypine.
>   Flacons d'huile.

29. Lima (Cicero-Franklin), Ceara.

>   Écorce de jucá (sa racine est dépurative et désobs-
>   truante).
>   Écorce de joá (le fruit est stomachique).

30. Lima et fils, Pernambuco.

>   Coton.
>   Graine de lin.

31. Machado (Francisco dos Santos), Serra (Espirito Santo).

>   Sacs coton blanc et jaune.

32. Maïa (João), Espirito Santo.

>   Huile de dinde.
>   Paina feda.
>   Paina feda.

33. Mamede (Catão), Ceara.

>   Semence de mangerioba.
>   Feuilles de caroba.
>   Semence de giquiriti.

34. Maria (Ignacio-Joseph). Espirito Santo.

>   Coton en rame,
>   Losna.

35. Novaes. Victoria (Espirito Santo).

>   Écorces de quina.

36. Païva (Pedro), Rio-de-Janeiro.

>   Fibres végétales.

37. Peireira (Antonio-Ribeiro), Passa-quatro (Minas Geraes).

>   Tabac en corde.

38. Rheinart et Barth, Rio-de-Janeiro.

Tabacs en feuilles.

39. Santos et Cie, Pernambuco.

1 caisse de cigarettes.

40. Santos Irmão, Pernambuco.

1 caisse de cigarettes.

41. Santos (J. A. dos), Pernambuco.

1 caisse de cigarettes.

42. Sarmento (José-Pedro-Roiz), Rio-de-Janeiro.

Tabacs en feuilles.

43. Sarmento (Rodrigues), de Passa Quatro (Minas Geraes).

Tabac en corde.

44. Scheeffer (Guilherme), de Santa-Catharina.

Huile de ricin raffinée.
Huile d'Amendoim (pistaches).
Huile de noix pour encres.

45. Sena (Jose da Costa), de Serro (Minas Geraes).

Huiles.
Cires.
Matières oléagineuses.
Acrocania.
Cire d'abeilles.
Cire d'abeilles (indigène).

46. Serrano (Getulio), Guarapary (Espirito Santo).

Baume indigène.
Gengibê.

47. Silva et Pinna, de Rio-de-Janeiro.

1 Boîte d'échantillons de cigares.
1 Boîte d'échantillons de cigarettes.
1 Boîte d'échantillons de tabac à fumer.
1 Boîte de cigarettes paille.

48. Silva (F. da) de Diamantina (Minas Geraes).

  Matières oléagineuses, fruit du Monjolo (très oléagi-
   neux).

49. Silva (R. A. da), de Serro (Minas Geraes).

  Tabac en brins.
  Tabac comprimé.
  Tabac en corde.

50. Tagarro (Francisco), de Victoria (Espirito Santo).

  Tucum.
  Sac de coton blanc.
  Sac de soie.

CLASSE XLV

Produits chimiques
et pharmaceutiques.

1. Almeida (Colonel), Minas Geraes.

  Vin de Jurubéba à l'iodure de potassium.

2. Almeida (Colonel), de Minas Geraes.

  Pyrèthre : purgatif.

3. Andrade (Angelino), de Pernambuco.

  Produits pharmaceutiques.
  Elixir dépuratif végétal.

4. Andrade (Pereira de), de Mendonha,

  Pilules ferrugineuses de Jurubéba.
  Pommade de Jurubéba.
  Sirop simple de Jurubéba.
  Vin ferrugineux de Jurubéba.
  Vin simple de Jurubéba.

5. Andrade (Fereira de) Minas Geraes.

> Calamo Aromatico.
> Simarubà, contre la dysenterie.
> Beja : Sudorifique.

6. Azevedo (H. de), de Pernambuco.

> Médicament : (formules secrètes).

7. Bartholomeu et Cie, de Pernambuco.

> Emplâtre de Jurubéba.
> Extrait de Jurubéba.
> Huile de Jurubéba.
> Pilules simples de Jurubéba.

8. Borges de Castro, de Rio-de-Janeiro.

> Vin de Peptone, reconstituant à la peptone Vieirina
>   et au lacto-phosphate de chaux.
> Peptone solide.
> Peptone solide en poudre.
> Vieirate de chaux et peptone.

9. Boris frères, de Ceará.

> Teinture de Mutembá.
> Teinture de Jucá.
> Teinture de Ameixas.
> Teinture de Emburaná.
> Teinture de Jequiritz.
> Teinture de Canjerona.
> Teinture de Cumarù.
> Teinture de Pào ferro.

10. Brant (Commandeur), J. Ferreira, de Minas-Geraes.

> Matières tinctoriales et pharmaceutiques.
> Anil, employé en teinture pour préparer l'indigo.
> Gomme d'Angico.
> Azedinha (fébrifuge).
> Trocisco (anti-rhumatismal).

11. Buenos Dias et Cie, de Rio-de-Janeiro.

> Produits pharmaceutiques.

12. Cabral (Mme Laure), de Minas Geraes.

> Vietine : fébrifuge, préparé avec l'écorce de Cinchona ferrugineux.

13. Clarindo (F. dos Santos Nelson), Diamantina de Minas Geraes.

> Produits pharmaceutiques.
> Résine et fruits du Jatobá.
> Thé « Pai Antonio » : digestif.
> Cantingueira : dépuratif.
> Jaborandi : sudorifique.
> Jacatupé : contre les affections des reins et de la vessie.
> Lagrimas de Nossa Senhora : diurétique.
> Chá pedestre.

14. Coëlho (Ant°. Alves), de Minas Geraes.

> Matières tinctoriales et pharmaceutiques.
> Bois de Jaquitibá : teint rouge ou rose.
> Camara : traitement des maladies des voies respiratoires.
> Herva tostão : contre les affections du foie.

15. Commission de Minas Geraes.

> Matières tinctoriales : Brauna preta : croît dans toute la province ; fournit une teinture marron, et vaut environ 15 centimes.
> Feuilles de Capichaba : croît dans le bassin du Rio-Doce ; donne une teinture rouge.
> Sucupira (Robinia) : croît dans le bassin du Rio-Das-Velhas ; son écorce fournit des tisanes employées dans les maladies de poitrine et catarrhes de la vessie. On l'emploie également pour l'éclairage et pour faire des vernis. Prix : 45 centimes à Diamantina (M.-G.).
> Produits pharmaceutiques : Écorce de quina ; fébrifuge Verdinha, diurétique Urucú : donne une couleur rouge et aurore employée en teinture.

16. Companhia Luz Stearica, de Rio-Janeiro.

> Bougies stéariques.
> Échantillons de Glycérine.
> Échantillons Savon Oléine.

17. Cordeiro (João), de Ceará,

> Huile de ricin purifiée.

18. Costa (J. Bento da) Diamantina, de Minas Geraes.

> Produits pharmaceutiques.
> Bordena.
> Carqueja.
> Jorrinha.
> Sassafraz.
> Cipó trindade.

19. Costa (Henrique), Diamantina (Minas Geraes).

> Matières tinctoriales.
> Écorces de Massambê : donne une couleur jaunâtre.

20. Cotias (J.-R.). de Rio-de-Janeiro.

> Élixir dépuratif.
> Sirop Pectoral balsamique.
> Sirop « la Santé du Peuple ».

21. Diamantina (ville de), Minas Geraes.

> Matières tinctoriales et pharmaceutiques.
> Écorce de Muricy : employée en teinture dans la
>   composition du noir et du jaune.
> Páo Santo : employé pour teindre en rouge ou rose.
> Japecangá : dépuratif.
> Capim Cheiroso : parfumerie.

22. Dias (Ildefonso Leite F,), Rio-de-Janeiro.

> Produits pharmaceutiques.
> Tonique brésilien.
> Elixir de Cassaú.
> Liqueur dépurative végétale.
> Elixir d'Espelina.
> Dentifrice brésilien.

13

23. Duperron (Narciso), Pernambuco.

> Feux d'artifice ; pièces diverses.

24. Fabrica do Retiro, Bahia.

> Échantillons de colle forte.

25. Ferreira et Cie (Joaquim Luiz), Moranhão.

> Pilules végétales sucrées de résine de Jalapa.
> Résine de Jalapa.
> Essence de salsepareille et caroba.

26. Firmino (Clarindo), Diamantina (Minas Geraes).

> Produits pharmaceutiques.
> Ipecacuanha.

27. Heliodoro (Jocelino), Diamantina (Minas Geraes).

> Produits pharmaceutiques.
> Capeba : employé contre les coliques.

28. Henrique (Joaquim), Diamantina (Minas Geraes).

> Produits pharmaceutiques.
> Columbá : stomachique, vermifuge.
> Fedegoso : maladies du foie.
> Cajú : dépuratif.

29. Instituto Fluminense d'Agricultura, Rio-de-Janeiro.

> Ramie utilis.
> Paille liane.
> Chapeau liane.
> Échantillons de coton.

30. Jardim (Dr Catão Gomes). Diamantina (Minas Geraes).

> Produits pharmaceutiques.
> Résine fossile.

31. Kealevort (Isaac), Espirito Santo.

> Safran.

32. Leivas (Antero), Rio-de-Janeiro.

Produits du « Nectandra Amara ».

33. Magalhâes (J. R. de), Serro (Minas Geraes).

Matières médicamenteuses et végétales.
Thé aromatique : infusion très agréable ; usitée dans
le centre de la province.

34. Mamede (Catâo), Ceará.

Produits pharmaceutiques.
Vin de cajú ferrugineux.
Teinture de jucá.
Alcoolature de jurubeba.

35. Marques de Hollanda (E.), Rio-de-Janeiro.

Teinture de salsepareille.
Elixir d'embiribina.
Vin d'ananas.
Vin de jurubeba.
Vin de jurubeba ferrugineux.
Vin de quina.
Vin de cajú et salsepareille.
Sirop de mulungú.
Sirop d'aroeira.
Pilules de velamina.
Pilules anti-périodiques.
Injection végétale.
Pommade.
Liniment.
Savon de toilette Joâ.
Savons médicinaux.
Pyserina.
Huile végétale.

36. Medeiras (Lopes de), Gouvêa (Minas Geraes).

Matières tinctoriales et pharmaceutiques :
Pastenneira : maladies de foie.
Pinna : donne une couleur noire employée en teinture.

37. Nascimento (José Azevedo), Espirito Santo.

Huile de copahu.

38. Nunes (Col M. Ferreira). Espirito Santo

>   Fèves de Saint-Ignace.
>   Anda assú.
>   Feuilles médicinales.
>   Angelim.

39. Ouro Preto (École des mines de), Minas Geraes.

>   Ocres pour la peinture.
>   Échantillons d'ocre jaune et violette : prix : 80 à
>   100 reis les 500 grammes.
>   Ocre rougeâtre de Santa Barbara : prix très minime.
>   Peinture en bâtiment.

40. Pereira (J. Alves). Diamantina (Minas Geraes).

>   Produits pharmaceutiques.
>   Rhubarba da Serra.

41. Pharmacia Pinho, Pernambuco.

>   Sirop de tamarindo.
>   Extrait fluide de sicupira.
>   Extrait fluide de quinquina jaune.
>   Extrait fluide d'oranges amères.

42. Reis Santos, Pernambuco.

>   Sel commun (chlorure de sodium).

43. Rocha (J. J. da), Tabuá (Minas Geraes).

>   Produits pharmaceutiques.
>   Tres folhas : stomachique.

44. Rezende (Francisco), Rio-de-Janeiro.

>   Produits chimiques.
>   Plusieurs espèces de vernis.

45. Rosa (Antonio-Santa). Pernambuco.

>   Elixir de cabeça de negro.

46. Rouquayrol frères, Pernambuco.

Sirop de angico.
Sirop de mata-matá.
Essence de caroba.
Eau anti-sesonatica.
Miel d'abeilles.
Almacega, plante médicinale.
Benjoin, plante médicinale.
Baunilha (vanille).
Cabeça de negro.
Cabacinho (colloquintes).
Copahyba (copahu du Brésil).
Écorces de Jucá (lucuma-gigantea).
Fèves de Jucá (lucuma-gigantea).
Feuilles de Mulungú (erythrina-corallodendron).
Ipecacuanha (solea-campestris).
Tamarindos (Tamarindus-indica).
Páo-ferro ou ita (dialium-ferrum).
Résine de l'arbre acajou (anacardium-occidentale).
Résine de l'angico (pithécolobium-gomiferum).
Racines de velame (croton-campestris).
Racines de Loco ou queimadeira (Plumbagums-cadens).
Racines de Tin (Jatropha opifera).
Graines de gendiroba (feuillea-nhandiroba).
Graines de cornisolo.
Graines de mamona.
Graines de mata-mata (Lecythis-idatimon).
Huile de gendiroba (feuillea-nhandiroba).
Huile de batiputá (gomphia-caduca).
Huile de copahyba (copahu).
Huile de ricin (mamona).
Extrait fluide de ariacordum.

47. Sà (Manoël de). Diamantina (Minas Geraes).

Produits pharmaceutiques.
Cipo de Cruz.
Aromatique. Sudorifique.

48. Sabino (Dr), Pernambuco.

Opodeldoch, *caput niger et rhus.*
Préservatif de l'érysipèle.
Cadornus.
Préservatif du rhumatisme.

49. **Sampaio** (Gomes de Azevedo), Rio-de-Janeiro.

> Huile de nhandiroba.
>   » de sucupira médicinal.
> Chlorydrate de cumarina.
> Nectandrina amara.
> Semences de pacová.
>   »   » sucupira.
>   »   » cœyaporña.
> Mastic brésilien.
> Essence de safran.
> Esprit de citron.
> Extrait de caroba et lysiana contre la syphilis.
> Extrait de jurubeba contre les maladies de foie
> et les fièvres des pays intertropicaux.

50. **Sena** (José da Costa) (Ouro-Preto).

> Matières tinctoriales et pharmaceutiques.
> *Écorce de Muricy* (byrsomina). Arbre très élastique,
> croît dans toute la province; l'écorce donne par
> décoction une teinture rouge-violet, employée
> pour teindre les tissus de coton : se vend
> environ 55 centimes le kilogramme.
> Parfumerie.

51. **Silva** (Théodosio J.) Pernambuco.

> Élixir anti-asthmatique.
> Élixir dépuratif de salsa-caroba.

52. **Silva** (J. B. Concessão), Pernambuco.

> Acide *Chisophanique* extrait de l'araroba.
> Astragale (odorante).
> Pariétaire (de cobras).
> Alleluia (anti-hémorrhoïdal.
> Angélique-brésilienne.
> Angico.
> Almecega.
> Arueira.
> Angelim (*andira vermifuga*.

53. **Silva** (J. Braz da C.) Pernambuco.

> Avenca (*adiantum capilus-veneris*).
> Arruda (*ruta-graveoleus*.

53. Silva (J. Braz da C.), Pernambuco *(Suite)*.

Barba-timão (plante médicinale indigène.

Batata de purga, plante herbacée de la famille des *convolvolus-ôperculatus*.

Capim de cheiro, plante gramminée odorante de la famille des *perotis-fragans*.

Écorces de gitô, plante indigène de la famille de *guarea-purgans*.

Cabeça de Negro, plante indigène médicinale.

Cabacinho, colloquintides, de la famille des *momor-dica-bucha*.

Crista de Gallo, crête de coq, *celosa cristata*.

Corôa de frade, couronne de curé, *cactus-melocactus*.

Écorces de l'acajou de la familles des *anacardium-occidentalis*.

Écorces de Pao-Ferro, *diallium-ferrum*.

Écorces de Juca, *lucuma-giganfea*.

Cara gata.

Chysorolina, extraite de l'araroba par un procédé nouveau.

Cravo de defunto, plante de la famille des *tageles cresta*.

Carbonate de sodium extrait de la cendre du bois (mangue).

Écorces de malva émollient, des *rutundifolia*.

Écorces de sucupira, de la famille des *robinia. coccinea*.

Carnuncula, plante médicinale de la famille *de guilandina spinosissima*.

Cardamomo (amomum-cardamomum).

Carrapicho de boi, *desmodium-diureticum*.

Estigma de maïs.

Espinho de quandù contre les maladies de la poitrine.

Flacon. Feuilles de fruit à pain.

Feuilles de l'acajou.

Fleurs et fruits de jurubeba (voyez la notice de Bartholemeu et Cie).

Feuilles de urubá.

  » de carobinha.

  » de malva.

Résine de l'acajou.

53. Silva (J. Braz da C.), Pernambuco *Suite*.

Guardião.
Gequiriti.
Gomme de batata de purga.
Herva tostão.
Ipecacuanha blanc.
Joá.
Geniparo.
Junço cheiroso.
Jaborandy.
Kitoco.
Lingua de vacca.
Pao de Mangue.
Leite de arvelloz.
Leite (mangabeira).
Malicia de mulher *(légumineuse.)*
Mutamba, plante très astringente.
Manteiga de cacao.
Marapuama, plante aphrodisiaque.
Mélisse, h. cidreira.
Batata Maria da Costa.
Nhandiroba.
Chataignes de cajú (castanhas).
Huile de nhandiroba.
Huile de gergelin.
Huile caustique.
Pinhão de purga.
Quina de Pernambuco.
Résine de Batate à purge.
Racine de Carnauba.
Racine de Carobina.
Rabo de Tatú.
Spécifique contre les maladies vénériennes et la
   gale.
Spécifique contre les maladies dartreuses.
Spécifique contre les cancers vénériens.
Racine de Caninania.
Cebola cem-cem, scille du Brésil.
Sacca-estrepe.
Graines de embira.
Cipo de chumbo—liane indigène très pesante.
Theobromio (principe immédiat du cacao).

53. Silva (J. Braz da C.), Pernambuco (*Suite*).

Urucú, plante indigène, donnant une couleur
rouge très inoffensive.

Velame.

54. Silva (Josefino da), Diamantina (Minas Geraes).

Produits pharmaceutiques. Cidreira : employée
en bains dans les cas de rhumatisme.

55. Silva (R. A. da), de Serro (Minas Geraes).

Matières tinctoriales et pharmaceutiques.
Catinga de Negra Mina : contre les paralysies.
Salsepareille : dépuratif.
Alcaçuz : maladies des voies respiratoires.
Ipécacuanha : vomitif.
Écorce de Páo-Brazil : donne une couleur rouge
    pour la teinture.
Écorce de quarehna : donne une couleur noire
    pour la teinture.
Écorce de Muricy : donne une couleur violette
    pour la teinture.
Écorce de jacarandá cabiuna : teinture violette.
Écorce de juga brava : rouge pour la teinture.
Écorce d'arœira : teinture violette.
Écorce de mangue : teinture rouge.
Écorce de sang-dragon : teinture rouge.
Écorce de Bráuna : teinture jaune.
Écorce de jequitibá : teinture noire.
Écorce de ragra : teinture noire.
Écorce de crundyhaba : teinture violette.
Feuilles de camundo de peso : teinture noire.
Alçafrão : teinture jaune.
Angico branco : substance employée en teinture.
Barbatimão : substance employée en teinture.
Cana fistula : idem.

56. Tayoba (Joaquim), de Gouvea (Minas Geraes).

Matières tinctoriales et pharmaceutiques.
Contra-Herva.
Vin de Peptone, préparé avec la papaïne.
Vin de jurubeba : dépuratif.
Vin de vicirino : reconstituant,
Teinture de salsa, caroba et sacapiranga : contre
    les maladies de la peau.

57. Tagorro (Fr da Rocha), Espirito Santo.

58. Teixeira et Lemvig Fog, Rio-de-Janeiro.

  Produits chimiques.
  Cellulose, fibres et matières premières extraites
   des plantes suivantes par un procédé breveté
   par le gouvernement brésilien :
    A. Imperata brasiliensis.
    B. Musa paradisiaca.
    C. Fourcroya gigantea.
    D. Ananassa sativa.
    E. Saccharum officinarum.
    F. Cecropia hololeuca.
    G. Chlorisia speciosa.
    H. Oreodoxia oleracea.
    I. Urena lobata.
    J. Urena sinuata.
    K. Auraujia sericifera.
    L. Oxypetalium campestre.
  Colle.
  Graisse.

59. Val (Jose), Pernambuco.

  Charbon animal.

60. Vasconcellos (E.-J.), Cerro.

  Carapia.
  Caroba.
  Vierino.

61. Veras (A.-M.), Pernambuco).

  Extrait fluide de cabeça de negro, manacá et
   vélame.
  Vin de jurubeba simple.
  Vin de jurubeba ferrugineux.
  Elixir dépuratif de Janaúba.
  Elixir carminatif et tonique.
  Sirop de raïo de taté.
  Huile pour machines.
  Anacardium occidentale.
  Trianospena dellozica.

61. Veras (A.-M.), Pernambuco *(Suite)*.

Croton campestris.
Arnidorca cerifera.
Durante bi-color.
Jabauba.
Erythrina corallo dendum.
Osmosia coccinea.
Schinus aroeira.
Scythis idatimon.
Solamum paniculatum (des feuilles).
Solamum paniculatum (des racines).
Ziriphus joazeiro.
Caullorium febrifugum.
Diaridum utilissimum.
Momordica bucha.
Hordelistris syphilitice.
Guilanduice spinosissima
Dialium ferrum.
Seinilax japecanga.
Muno ou pudice.
Cleome heptaphella.

62. Vicente Gomes, Espirito Santo.

Tonique pour les cheveux.

63. Vicira (Virgilio), Diamantina.

Catueba : aphrodisiaque.
Guigibira : antinévralgique.
Iereira : fébrifuge.
Tinhoraõ : contre les maux de gorge.

64. Vieiras (M.-J.). Pernambuco.

Vin anti-hémorragique.

65. Virgilio Lopes et C^a, Pernambuco.

Vin de capeba.

66. Wilkens (C.). Bahia.

Échantillons de savon.

CLASSE XLVII

Cuirs et Peaux.

1. Cardoso et Sieburger, de Rio-de-Janeiro.

> Peaux et cuirs préparés.
> Pièces de cuirs vernis.

2. Emile de Saint-Denis, de Rio-de-Janeiro.

> Collection de cuirs et peaux tannés.

CLASSE XLVIII

Matériel et procédés de l'exploitation des mines et de la métallurgie.

1. Capitaine Moreira da Costa (Minas Geraes).

> Outils servant à l'extraction du diamant et des minéraux qui l'accompagnent.

CLASSE LI

Matériel des arts chimiques de la pharmacie et de la tannerie.

Exposé dans la Galerie des Machines.

1. Alfredo Michel, de Rio-de-Janeiro.

> Un groupe d'appareils en cuivre pour la décompo-
> sition des corps gras. (Système breveté S.G.D.G.)
> Un alambic en cuivre pour la distillation des corps
> gras dans un vide partiel (Syst. brev. S.G.D.G.)
> Nouveau dispositif de piston de presse à double
> effet supprimant les appareils de retour (Système
> breveté S. G. D. G.)
> Nouvel acidificateur pour corps gras à double fond
> dispensant du chauffage séparé et réduisant
> à 1 0 0 la dépense de l'acide sulfurique, agita-
> teur à air comprimé. (Système breveté S.G.D.G.).
> Petit modèle d'alambic cuivre à double fond de
> fonte servant de surchauffeur. Réduit la pro-
> duction de goudron à 1 0/0. Nouvelle disposi-
> tion évitant les coups de feu. (Système bre-
> veté S. G. D. G.)

CLASSE LII

Machines et appareils de la mécanique générale.

1. A dos Santos Carvalho, de Rio-de-Janeiro.

Une machine à broyer la canne.

2. Ferreira (Joao). Pernambuco.

Cylindre à vapeur.

3. Moreira Carvalho et Cie, de Rio-de-Janeiro.

1 rondelle de pression et 1 centre de roue d'eau.
1 centre de roue d'eau et 1 rondelle de pression.
1 essieu pour asseoir une roue d'eau.
5 tableaux contenant de la photographie.
4 tableaux contenant des dessins.
2 demi-portes fondues pour barrière.
1 moulin à canne.

4. M. Pinto Gouvea (Benjamin). Rio-de-Janeiro.

Robinet.
Appareil hydraulique automatique pour jonctions
de tuyaux.
Obturateurs pour tuyaux de caoutchouc.
Robinet graduateur pour prise d'eau pour cana-
lisation.
— Soupape métal pour réservoir.

CLASSE LV

Matériel et procédés du tissage.

1. La Commission de Pernambuco.
1. Métier à broder.

CLASSE LVI

Matériel et procédés
de la couture et de la confection
des vêtements.

1. Francisco Martins Torres, Rio-de-Janeiro.
Mannequin homme.
Mannequin femme.
Mannequin buste de femme.
Mannequin enfant.

CLASSE LX

Carrosserie et Charronnage.
Bourrellerie et Sellerie.

1. Amorin (J.-D.), Pernambuco.

> Étriers en laiton.

2. Mattos (João F. de), Pernambuco.

> Mors.

3. Reis et Santos, Pernambuco.

> Mors

CLASSE LXI

Matériel des chemins de fer.

1. Estrada de ferro et Navegaçao Paulista, São Paulo.

> Vues photographiques de gares et dépendances de
> l'exploitation.
> Types de rails et traverses.

2. Estrada de ferro D. Pedro II. Rio-de-Janeiro.

> Ressort de spirales pour voitures de voyageurs.
> Guides de tampons pour voitures de voyageurs.
> Ressort volute pour wagon marchand.
> Caisse pour huile avec ressort de suspension pour
> wagon marchand.

2. Estrada de ferro **D. Pedro II**, Rio-de-Janeiro *(Suit .*

Caisse pour train pour transport de rails.
Ressort elliptique pour voitures de voyageurs
Guide tampon pour wagon marchand.
Caisse graisse pour truc de voitures de voyageurs.
Caisse graisse pour truc de train de ballast.
Demi-collier d'excentrique de locomotive.
Poignées pour truc de voitures de voyageurs.
Pied de bouc de voitures de 1re classe.
Fragment de roue montrant la trempe de la fonte.
Boîte à huile pour wagon de bestiaux.
Ressort elliptique pour truc de voitures à voyageurs.
Pied de bouc des voitures de voyageurs de 1re classe.
Caisse mixte pour voitures de voyageurs 1re classe.
Ressort spirale pour tampons des voitures des
   voyageurs de 1re classe.
Guides de tampons pour voitures à voyageurs.
Bourses pour tampon de locomotive.
Joint en T pour truc de voitures à voyageurs.
Embrasses pour truc de voitures à voyageurs.
Ressorts en volute pour wagon marchand.
Ressorts en volute et supports pour voitures à
   voyageurs.
Guides de tampon de voitures à voyageurs de
   1re classe.
Moitiés de collier d'excentrique pour locomotive.
Grilles pour fourneau de locomotive.
Enchâssure forgée en dessin.
Crochets forgés.
Tunnels de la 2me section de 1 à 4.
Tunnels de la 2me section de 4 à 7.
Tunnels de la 2me section de 8 à 11
Tunnels de la 2me section de 12 à 15.
Embranchement de la Gamboa.
Embranchement de Campinha.
Embranchement de S. Cruz.
Embranchement de Macacos.
Embranchement de S. Paulo.
Embranchement de Porto Novo da Cunha.
Pont provisoire de rails et traverses.
Plan général de la ligne (ligne du Centre et
   embranchements).

2. Estrada de ferro D. Pedro II, Rio-de-Janeiro *(Suite)*.

Estampe avec titre de l'Estrada.

Embranchement de Sãn Paulo jusqu'à son point terminus.

PHOTOGRAPHIES

Gare de Rio-de-Janeiro.

Gare de Rio-de-Janeiro montrant les appareils de signaux.

Gare maritime de la Gamboa.

Atelier de tourneurs montrant son moteur.

Atelier de tourneurs montrant les tours.

Atelier de tourneurs et chaudronniers.

Atelier de scierie (montrant le moteur).

Atelier de scierie montrant les scies.

Portrait du vicomte de Maua.

Photographie de la 1re locomotive introduite au Brésil.

Dépôt des machines à San Diogo.

Photographie de la machine nº 119 (S. Francisco).

Moitiés de colliers d'excentriques de locomotives.

Échantillons de pierres employées dans les travaux de la ligne du Centre et de l'embranchement d'Ouro Preto.

Échantillons de bois en forme de cubes et rectangles (même emploi).

Fauteuils à double siège et à dos mobile.

Roue fondue en fer à Ipanema pour wagons de voyageurs de 1re classe.

TABLEAUX

Pont du Desengano.

Pont d'Anta.

Pont do Poeo Mauso.

Pont da Cochoeira.

Pont do Salta.

Pont de Humayla.

Pont da Boa vista.

Viaduc do Retiro.

Tunnel et pont nº 1 de la Cochoeira.

Tunnel et pont nº 3 de la Cochoeira.

Tunnel et pont nº 12 de la Cochoeira.

2. Estrada de ferro D. Pedro II, Rio-de-Janeiro (*Suite*).

> Gare d'Entre-Rios, Joâo de deo, de la Manti-
> queira, de Sitio.
> Porto novo da Cunha.
> Côté des voyageurs.
> Côté des marchandises.
> Portefeuille contenant 23 épures.
> Ligne du Centre 1re section.
> Ligne du Centre 2me et 3me section.
> Ligne du Centre 4me section.
> Ligne du Centre 5me section.
> Ligne du Centre 6me section.
> Ligne du Centre, point terminus du trafic.
> Plan de la gare de Rio-de-Janeiro.
> Plan de la gare maritime.
> Plan de la gare de Gamboa.
> Plan de la gare de San Diogo.

3. Martins (Ant. J.), Rio-de-Janeiro.

> Wagon modèle avec appareil auto-postal.

CLASSE LXIII

Matériel et procédés des travaux publics et de l'architecture.

1. Arsenal de marine, Pernambuco.

> Serrure à secret.

2. M. Cavalcanti (J. B.), de Pernambuco.

> Barrique de chaux vierge.
> Barriques de pierres calcaires.

3. Chemin de fer Dom Pedro II, Rio-de-Janeiro.

Echantillons de bois employés dans la construction du matériel roulant et fixe :

1° Forme cubique :

Massaranduba.
Catacahem.
Canella parda.
Guarabú.
Jacarandá.
Canella preta.
Garuana parda.
Ipé tabaco.
Cabiuna.
Arariba.
Oity.
Grapiapunha.
Ubatan.
Merindiba.
Angelim.
Piuna.
Canella capitaõ mor.
Canella amarella.
Sucupira.
Cangerana.
Mocytahiba.
Pereba roxa.
Sobrazil.
Grassahy aseite.
Guarajuba.

2° Forme rectangulaire :

Peroba de campo.
Araribá rose.
Vinhatico.
Tabaco.
Louro de Pernambuco.
Tapinhoam amarello.
Louro pardo.
Peroba rosa.
Canella loura.
Collection de roches et granits employés dans les travaux d'art.

4. Compagnie d'Édification de Pernambuco.

> 2 flacons de chaux.
> Briques pour carrelage.
> Briques creuses (huit modèles).
> Grosses briques (quatre modèles).
> Tuiles (vingt modèles différents), pour couverture
> des maisons.
> Conduites (onze modèles et grandeurs différents),
> double cuisson, vernis à l'oxyde rouge de plomb.

5. Commission de Pernambuco.

> Serrure.

6. M. Correa da Silva (Manuel Joaquim), de Rio-de-Janeiro.

> Tuiles terre cuite, modèle Marseille.

7. M. Hancox (Joseph), de Rio-de-Janeiro.

> Briques courbes pour conduites d'égouts.
> Tuyaux pour égouts.

8. Nougues (V^e), Para.

> Briques pleines et creuses.
> Tuiles.
> Carreaux

CLASSE LXIV

Hygiène et Assistance publique.

1. Pinto Gouvea (Benjamin). — Rio-de-Janeiro.

> Appareil à douches.
> Appareil à douches.

CLASSE LXV

Matériel de Navigation et de Sauvetage.

1. Arsenal de marine de Pernambuco.

> Demi-modèle d'une canonnière. Plan du Directeur des constructions navales de cet Arsenal, Cap. de frégate R. Nuno da Costa. Modèle fait par Ubaldo Baptista.
>
> Demi-modèle du brick *Recife* en construction à l'Arsenal, sous la direction du capitaine Nuno da Costa. Plan du Directeur des constructions navales de l'Arsenal de Marine de Rio-de-Janeiro, capitaine João Candido Brasil. Modèle fait par Arthur Bessoni.
>
> Demi-modèle du yacht *Guacuy*, construit dans cet Arsenal. Plan et direction du maître de chantier Francisco Gomes de Figueiredo. Modèle fait par Francisco Domingues.
>
> Demi-modèle d'un canot à 12 rames, construit à la douane de la province de Ceara. Plan du capitaine R. Nuno da Costa. Modèle fait par Ubaldo Baptista.
>
> Demi-modèle d'un canot à 6 rames, construit à la Préfecture maritime de la province de Maranhão. Plan du capitaine R. Nuno da Costa. Modèle fait par Ubaldo Baptista.

2. Commission de Pernambuco.

> *Corredor* en bois (garde-fou).
> 2 *Encostos* de radeau.
> *Cuia de vela.*

3. Compagnie Estrada de ferro e Navegaçaò Paulista :

> Photographies des bateaux faisant la navigation du Mogy-Guassic.

4. Compagnie de Navigation fluviale de l'Amazone, représentée par M. Klingelhoefer, directeur de la Compagnie.

> Type des bateaux employés par cette Compagnie

5. J. Fernandes Lopes, de Pernambuco.

> 3 Jangadas (radeaux).

CLASSE LXVII

Céréales. — Produits farineux avec leurs dérivés.

1. Albuquerque (Ernesto Deocletiano d'), de Ceara.

> Pomme de manioc.

2. Areas (L. Simôes), de Sta Catharina.

> Manioc.

3. Boris frères. Baturité (Ceara).

> Farine manioc.

4. Commission de Pernambuco.

> Flacons tapioca, flacons riz, flacons farine de manioc.

5. **Commission centrale de la province de Santa Catharina.**

Amidon.

6. **Commission exécutive** de Rio-de-Janeiro.

6 boîtes haricots diverses sortes.

7. **Coutinho** (Henrique), de Mangarahy.

Arrow-root.

8. **Cousceiro** (Jeronyma), de Pernambuco.

2 flacons Fécule de matarana.
2 flacons Fécule de arrow-root.
2 flacons Fécule de inhama d'Afrique.
2 flacons de inhumbu.
2 flacons Masse de riz.
1 flacon Carimães, pâte de manioc.

9. **Custodio** (J. José), de Santa Catharina.

Amidon.

10. **Debretins** (Martins), de Santa Catharina.

Amidon.

11. **Dutra** (Alfred), de Ceará.

Semences de haricots.

12. **Emendœrfer** (G.), de Santa Catharina.

Fubá.

13. **Lins** (Thomaz C. S.), de Pernambuco.

Gomme d'arrow-root.

14. **Mafra** (João), de Santa Catharina.

Arrow-Root.

15. **Marché** (José), de Santa Catharina.

Fubá.

16. Mello (Laurindo F.), de Pernambuco.

Tapioca.

17. Milfelde, de Santa Catharina.

Arrow-Root.

18. Nunes Ferreira (C^{el} Ma^{el}), de Victoria.

Mandibac de manioc.

19. Philipp (Guilherme), de Santa Catharina.

Manioc.

20. Pinto Pessoa (Isabel), de Pernambuco.

Gomme de Matarana.

21. Pinto et Cie (José), de Pernambuco.

Gomme de maïs.
Farine de blé.

22. The Rio-Janeiro Flour Mills and Granaries limited, de Rio-Janeiro.

Farine de blé.

23. Rouquayrol frères, de Pernambuco.

Noyaux de Mangliers.

24. Rudolf (R.), de Santa Catharina.

Farine de maïs.

25. Silva (J. Braz. da C.), de Pernambuco.

Noyaux de Manguiers.

26. Silveira (Caetano), de Santa Catharina.

Farine de maïs.

CLASSE LXIX

Corps gras alimentaires, laitage et œufs.

1. Alves (J.-P.), de Porto-Alegre.

Graisse de porc.

2. Colonie Blumenau, de Santa Catharina.

Saindoux et beurre.

3. La Commission Pernambuco.

Huile de Dendé.
Huile de Batiputà.
Pistaches.

4. Desmerer, de Santa Catharina.

Beurre.

5. Schmidt. de Santa Catharina.

Beurre.

CLASSE LXX

Viandes et poissons.

1. Raymond Célérier, 4. rue de Compiègne, à Paris.
Compagnie Cibils, usine à Matto Grosso (Brésil).

Extrait de viande Cibils.
Bouillon instantané Cibils.

2. Colonie Blumenau, de Santa Catharina.

Crevettes, filets de porc.

3. Faria (Julio-Hermenegildo), de Pelotas.

Langues de bœuf.

4. V. Michel et Cie, de Rio-Grande-do-Sul.

Crevettes en conserves.
Poissons en conserves.

CLASSE LXXI

Légumes et fruits.

1. Colonie Blumenau, de Santa Catharina.

Fruits.

2. Cousseiro (D. Jeronyma), de Pernambuco.

Cajus confits.

3. Tagarro Frco, de Espirito Santo.

Sapucaia.

4. V. Michel et Cie, de Rio-Grande-do-Sul.

Fruits en conserves.

CLASSE LXXII

Condiments et stimulants : sucres et produits de la confiserie.

1. **Abiahy** (Baron de), de Rio-Janeiro.

    Miel.

2. **Abreu** (Herculano F. de), de Minas.

    Un échantillon café.

3. **Aguirre** (José-S.-Mathieu), de Espirito Santo.

    Café.

4. **Aguiar** (Feliz-Antonio), de Minas.

    Deux échantillons café.

5. **Allers** (Pedro), de Pernambuco.

    Un flacon poivre.

6. **Alves Nascimento** (José), de Minas.

    Un échantillon café.

7. **Alves** (Manoel) et Cie, de Pernambuco.

    Trois flacons sucre raffiné.
    Un flacon sucre candi.

8. **Alves** (Vicente), de Pernambuco.

    Un flacon châtaignes confites.

9. **Alves** (Vicente), de Pernambuco.

    1. Un flacon groseilles.

10. Assis Souza (Francisco), de Bahia.

> Dix-huit échantillons café.

11. Azevedo Maia et Cie, de Pernambuco.

> Un flacon sel raffiné.

12. Bahia Central Sugar Factories, à Rio-Fundo.

> Échantillons sucre.

13. Bahia Central Sugar Factories, à Iguape.

> Huit échantillons sucre.

14. Barbosa (Jovelino), de Rio-Janeiro.

> Café.

15. Bastos (Manoel), de Pernambuco.

> Liqueurs d'oranges, de café, mangaba, maracujá.
> caju, genipapo et araçá.
> Un flacon safran.
> Liqueur d'Abacaxi.

16. Bery (J.-F.-S.), de Minas.

> Deux échantillons café.

17. Bhering, de Rio-Janeiro.

> Chocolat.

18. Borges (Hermenegildo), de Santa-Leopoldina, Espirito Santo.

> Café dit Bourbon.

19. Borges de Athayde (Antonio), de Rio-Novo, Espirito Santo.

> Café.

20. Boris frères, de Ceará.

> Café 1886.
> Café 1887.
> Café 1888.

21. Braz da Silva (J.), de Pernambuco.

> Chocolat en poudre.
> Café et cacao.
> Safran.

22. Breme. de Victoria, Espirito Santo.

> Herbe propre à faire du thé.

23. Carvalho (Juan-Antonio), ex-colonie de Rio-Novo. Espirito Santo.

> Café.

24. Calvacanti (Ant.-V.), de Pernambuco.

> 3 flacons graines de café.
> 2 flacons graines de café.

25. Centro do Commercio de Assucar, de Rio-de-Janeiro.

> Sucre.

26. Chagas (Francisco-B.), de Pernambuco.

> 1 flacon cacao.
> 1 flacon café.

27. Colonia de S. Luiz, de Minas

> Un échantillon café.

28. Colonia Isabel. de Pernambuco.

> Sucre.

29. Commission de Pernambuco.

> Deux flacons de piments.
> Deux flacons confitures de caju.
> Deux flacons cannelle (poudre).
> Deux boîtes confitures de goiave.
> Deux flacons d'amendoin (pistaches).
> Deux flacons sucre qualités différentes.
> Deux flacons confitures de caju.
> Deux flacons confitures d'oranges.
> Un flacon gelée de Pitanga.

29. Commission de Pernambuco (*suite*).

>Confiture de Bergamotte au jus.
>Graines Goiabas.
>2 flacons piments odorants.
>2 flacons confitures de mangues.
>2 flacons confitures de abacaxis.
>2 flacons confitures de citrouille.
>2 flacons miel de canne à sucre.
>4 flacons haricots blancs, noirs et jaunes.
>1 flacon de fèves.
>1 flacon de petits pois.
>1 flacon de petits oignons.
>1 flacon de piments.
>1 flacon de choux pommés.
>1 flacon de choux assortis.
>1 flacon de concombres.

30. Commission Centrale de Rio.

>3 Échantillons de café.

31. Commission de San-Paulo.

>Échantillons café.

32. Commission de Bahia.

>Cacao.

33. Commission de Espirito Santo, Victoria. Espirito Santo.

>Café.

34. Comp. União agricola de Porto-Real, de Rio-de-Janeiro.

>Échantillons de sucre.

35. Cordeiro (João), de Ceara.

>Café de Mangerioba.

36. Costa et Cie (Delfino), Victoria, Espirito Santo.

>Café.

37. Coutinho (Emilio), de Espirito Santo.

  Liqueur de Genipapo.

38. Coutinho (Henrique), de Espirito Santo.

  Liqueur de Esperidina.

39. Cunha (Pedro-Celestino-Gomes da), de Rio-de-Janeiro.

  Café.

40. Dias da Costa (Anacleto), de Minas.

  2 échantillons de café.

41. Dias de Sá (José), de Minas.

  1 échantillon de sucre.

42. Dias da Silva (José), de Pernambuco.

  1 flacon piments séchés.

43. Duarte Simóes (J.), de Pernambuco.

  3 bouteilles vinaigre blanc.
  3 bouteilles vinaigre rouge.
  3 bouteilles cognac de canne.
  3 bouteilles vin de genipapo.
  3 bouteilles vin de Cajú.
  3 bouteilles Hesperidina.

44. Engenho central de Cambucy, de Minas.

  5 échantillons café.

45. Engenho central de Vista Alegre, de Minas.

  6 échantillons café.

46. Engenho central de Esperança, de Minas.

  4 échantillons café.

47. Engenho central de Rio Branco, de Minas.

  3 échantillons sucre.

48. Engenho central de Piraanga, de Minas.

> 2 échantillons sucre.

49. Engenho central de Bom Jardim, de Bahia.

> 4 échantillons sucre.

50. Engenho central de Maracangallo, de Bahia.

> Cacao.
> 2 échantillons sucre.

51. Engenho central da Fabrica de Pojuca, de Bahia.

> 3 échantillons sucre.

52. Engenho Acerto, de Pernambuco.

> 3 flacons sucre.

53. Engenho Conceição, de Pernambuco.

> 4 flacons sucre.

54. Engenho Bondade, de Pernambuco.

> 1 flacon sucre.

55. Engenho Riachâo, de Pernambuco.

> 1 flacon sucre.

56. Engenho central de Lorcina, de San Paulo.

> 8 échantillons sucre.

57. Engenho central de Boa Esperança, de Rio-de-Janeiro.

> Café.

58. Engenho central de Vista Alegre, de Rio-de-Janeiro.

> Café.

59. Engenho central de Quissamâ, de Rio-de-Janeiro.

> Mélasse de canne.

60. Engenho central de Parahyba, de Rio-de-Janeiro.

> Sucre.

61. **Engenho central de Quissamâ**, de Rio-de-Janeiro.
Sucre granulé, 2e et 3e qualité.

62. **Engenho central de Purga**, de Rio-de-Janeiro.
Sucre.

63. **Engenho central do Cupim**, de Rio-de-Janeiro.
Sucre.

64. **Engenho central de S. José**, de Rio-de-Janeiro.
Sucre.

65. **Engenho central de Coqueiros**, de Rio-de-Janeiro.
Sucre.

66. **Engenho central de Caetano**, de Rio-de-Janeiro.
Sucre.

67. **Engenho central de Sapucaia**, de Rio-de-Janeiro.
Sucre.

68. **Engenho central de Rio Bonito**, de Rio-de-Janeiro.
Sucre.

69. **Engenho central de Saõ Joaõ**, de Rio-de-Janeiro.
Sucre.

70. **Engenho central de Bracahuy**, de Rio-de-Janeiro.
Sucre.

71. **Engenho central de Queimados**, de Rio-de-Janeiro.
Sucre.

72. **Engenho central de Parahyba**, de Rio-de-Janeiro.
Sucre.

73. **Engenho central de Madre de Deus**, de Rio-de-Janeiro.
Sucre.

74. **Engenho central de Paraiso**, de Rio-de-Janeiro.
Sucre.

75. **Engenho Central** de Quissamã, de Rio-de-Janeiro.

> Vin de Genipapo. Vin de Cajú. Hesperidina.

76. **Fabrique centrale de Tiuma**, de Pernambuco.

> 2 flacons sucre.

77. **Fabrique de Palmares**, de Pernambuco.

> 2 flacons sucre.

78. **Fagundes de Avellar** (José Antonio), de Minas.

> 2 échantillons de café.

79. **Faller et Filho**, de Santa Catharina.

> Mélasse.

80. **Fazenda de Bananeiras**, de Parahyba.

> Échantillons de café.

81. **Fereira da Fonseca** (Mariano), de Minas.

> 2 échantillons de café.

82. **Fereira da Fonseca** (Marcial), de Minas.

> 1 échantillon de café.

83. **Fereira Rios** (José), de Minas.

> 2 échantillons de café.

84. **Fernandes** (Gustavo-José), de Bahia.

> 6 échantillons de café.

85. **Fontana** (Francisco F.), de Curityba.

> Maté café n° 1.
> Maté tige n° 2.
> Maté fin.
> Maté demi-fin.
> Maté gros.
> Maté feuilles.
> Maté n° 1.
> Maté n° 2.
> Maté n° 3.

85. Fontana (Francisco F.), de Curityba *(Suite)*.

Maté n° 4.
Maté n° 5.
Maté n° 6.
Maté fin.
Maté demi-fin.
Maté café.
Maté en feuilles.
Maté en gros.
Maté en tiges.
Maté assorti.
Maté n°° 3, 4 et 5.
Échantillons maté en poudre :
    N° 1, maté café :
    N° 2, maté tiges :
    N° 3, maté fin :
    N° 4. maté demi-fin :
    N° 5, maté demi-gros.
    N° 6, maté feuilles.
    Matière première.
Feuilles d'échantillons de différentes espèces de maté.
Photographie de la fabrique de M. Fontana et une
carte-annonce.

86. Franklin et Cie, de Rio-de-Janeiro.

Cacao du Para.
Cacao de Bahia.
Cacao de Rio.
Cacao torréfié.
Vanille.
Chocolat.
Beurre de cacao.
Cannelle en poudre.
Échantillons de chocolat.
Échantillons de vanille.
Échantillons de cacao.

87. Freitas (Joaō), de Pernambuco.

1 flacon graines d'embirá.
1 flacon urucú.

88. Gand (Otto Frey), de Blumenau.

    Vin d'oranges.

89. A. Gavião Peixoto (Bernardo), de San Paulo.

    2 échantillons sucre.

90. Gavião Peixoto (B.-A.), Niagara, de Rio-de-Janeiro.

    Échantillons sucre.

91. Gouvea (Francisco), de Ceara.

    Confitures de caju.
    Confitures de mangaba.

92. Guimaraes et Valente, de Pernambuco.

    Liqueurs diverses.

93. Iguape.

    Échantillons de sucre.

94. Instituto fluminense d'agricultura, de Rio-de-Janeiro.

    Café.

95. Iporanga (baron de), de Rio-de-Janeiro.

    Café.

96. Joviniano de M. (F.), de Pernambuco.

    Cacao du Bonito.

97. Koth (J. G.), de Rio-Grande-do-Sul.

    Vin blanc.

98. Kuhn (Léonard), Pernambuco.

    2 kilogrammes chocolat.

99. Lacerda et Cie, Rio-de-Janeiro

    Échantillons de café :
    Santos. Caracoli spécial. Baron de Arary.
    Santos. Café jaune fin.   Baron de Arary
    Santos. Café lavé.   Senador Antonio da Silva Prado.
    Santos. Café caracoli lavé. Senador Antonio da Silva Prado.

99. Lacerda et Cie. de Rio-de-Janeiro (*Suite*).

Santos. Café fin.	Martinho da Silva Prado.
Santos. Café fin.	Martinho da Silva Prado Junior.
Santos. Café fin.	Elias Pacheco Chaves.
Santos. Café fin.	João Soares de Amaral.
Santos. Café fin.	Lacerda et Irmaõs.
Santos. Café fin.	Lacerda Irmão et Piza.
Santos. Café fin.	Francisco Soares de Camargo.
Santos. Café fin.	Eugenio de Lacerda Franco.
Santos. Café fin.	Lacerda Filho et Irmãos.
Santos. Café caracoli.	
Santos. Café fin.	
Santos. Café supérieur.	Composition du good average $1/_3$.
Santos. Café good.	Composition du good average $1/_2$.
Santos. Café regular.	Composition du good average $1/_6$.
Rio. Café caracoli lavé.	
Rio. Café caracoli lavé.	
Rio. Café caracoli lavé.	
Rio. Café caracoli lavé.	
Rio. Café caracoli lavé.	
Rio. Café lavé.	
Rio. Café lavé.	
Rio. Café lavé.	
Rio. Café lavé.	
Rio. Café lavé.	
Rio. Café lavé.	
Rio. Café lavé.	
Rio. Café lavé.	
Rio. Café lavé.	
Rio. Café lavé.	
Rio. Café lavé.	
Rio. Café lavé.	
Rio. Café capitania.	
Rio. Café serra abaixo.	
Rio. Café maragogipe.	
Rio. Café caracoli.	

Café Rio.
Café Rio, première bonne.
Café Rio, première bonne.
Café Rio, première régulière.
Café Rio, première régulière.
Café Rio, première régulière.

99. Lacerda et Cie, de Rio-de-Janeiro (*Suite*).

> Café Rio, première régulière.
> Café Rio, première ordinaire.
> Café Rio, première ordinaire.
> Café Rio, première ordinaire.
> Café Rio, deuxième bonne.

Les n°s 1 à 18 comprennent les cafés de Santos.
Les n°s 19 à 50 comprennent les cafés de Rio.

100. Leopoldina (baron de), Minas.

> 3 échantillons de café.

101. Lepage (Francisco-José), de Barbacena.

> Vin d'oranges.
> Vinaigre.
> Miel.

102. Lima (F.-J.), de Pará.

> Chocolat en tablettes.

103. Lins (Cosmo da S.), Pernambuco.

> 1 flacon piments de l'Inde.

104. Lopes (J.-F.), de Maranhão.

> Chocolats en tablettes.

105. Lopez (João F.), Pernambuco.

> 2 flacons graines de café de Libérie.
> 2 flacons (arachides).

106. Mack et Cie, Rio-de-Janeiro.

> Bouteille vinaigre.
> Bouteille liqueurs fines.
> Bouteilles liqueurs fantaisie.
> Flacon liqueur Hesperidina.
> Flacon liqueur Goutte-d'Or.
> Flacon liqueur fine de fantaisie.

107. Mamede (Catão), Ceara.

> Bouteille sucre genipapo.

108. Maranhão (J-J-P.). Pernambuco.

> 2 bouteilles vin Mertilla et oranges amères.

109. Marques (Manoel-Pedro), de Victoria.

> 1 boîte sucre blanc.

110. Marques de Hollanda (Eugenio), Rio-de-Janeiro.

> Bouteilles liqueurs diverses.

111. Martos (Manoel). de Pernambuco.

> 1. Vin de Genipapo.

112. Mello (Francesco J.). Pernambuco.

> 1 flacon café.
> Sucre.

113. Mello (Tobias L. F. de), Rio-de-Janeiro.

> Échantillons de café des plantations de Saõ Se-
> bastiaõ. San Luiz. Mericiano M. da Fonseca, Geor-
> gina Figueira Bananeiras, Souza Pimenta, Abreu.
> Barão de Leopoldina, Anacleto Dias da Costa,
> Capitaine José de Avellar, Gomez da Cunha,
> Vicente Mendes Ferreira. Ribeiro de Avellar,
> Engenho central de Vista Alegre. Engenho
> central Boa-Esperança, Engenho central de
> Cambucy.

114. Mendes (Vicente). Minas.

> 3 échantillons de café.

115. Motta (João-Xavier da). Saõ Paulo.

> Café.

116. Motta (commandeur), Espirito Santo.

> 2 boîtes de café en gousse.
> 1 boîte de café en petites coquilles.

117. Nogueira (J.). Rio-de-Janeiro

> Bouteille liqueur Jaboticaba.

118. Olvieira et Cie, Pernambuco.

>   1 flacon sucre raffiné.

119. Oliveira et Irmão, Pernambuco.

>   1 flacon sucre candi.

120. Oliveira et Gendre, Parana.

>   Maté assorti.

121. Orlando Barros, Pernambuco.

>   2 flacons liqueur d'orange.

122. Pamplona (Maria), Ceara.

>   Confitures de cajú.

123. Pereira Ramos (Joachim-F^{es}), de Benevente (Espirito Santo).

>   Café.

124. Pereira Romarez (Joaquim), Rio-de-Janeiro.

>   Vinaigre de canne.

125. Pereira (Antonio-Dionisio), Minas.

>   2 échantillons café.

126. Pereira Cotrim (Antonio), Bahia.

>   6 échantillons café.

127. Pharmacie Pinho, Pernambuco.

>   1 bouteille sirop de cajú.
>   1 bouteille sirop d'abacaxis.

128. Pimenta (João), Minas.

>   1 échantillon café.

129. Pinto Alves et Cie, Pernambuco.

>   3 flacons sucre raffiné.

130. Pinto do Nascimento (Gustavo), de Santa-Leopoldina (Espirito Santo).

>   1 boîte cacao.

18

131. Pinto Netto et Fils. de Victoria (Espirito Santo).

> 1 boîte café.

132. Pinto de Oliveira. de Victoria (Espirito Santo).

> 2 boîtes café.

133. Porto d'Oliveira (Augusto), Minas.

> 2 échantillons de café.

134. Reynaud, Rio-de-Janeiro.

> Liqueur crème de citron.

135. Riba (Carlos-José), Minas.

> 1 échantillon café.

136. Ribas Gouvêa (Carlos-José), Minas.

> 1 échantillon café.

137. Ribeiro de Novaes, Bahia.

> 2 échantillons café.

138. Ribeiro (Antonio S.), Pernambuco.

> 2 flacons café.
> 2 flacons cacao.

139. Ribeiro Souza Rezende (Geraldo), Saõ Paulo.

> 3 échantillons café.

140. Ribeiro-Avellar (José-Gomes), Rio-de-Janeiro.

> Café.

141. Ribeiro-Procopio (Augusto), Rio-Grande-do-Sul.

> Échantillons maté assorti.

142. Rodrigo et Carvalho. Pernambuco.

> 1 flacon café.

143. H. Rouquayrol, Pernambuco.

> 4 bouteilles crème d'abacaxis.
> 6 bouteilles sirop d'ananas.
> 4 bouteilles sirop d'abacaxis.

144. Saboia, Ceara.

Confiture de Mangaba.

145. Salgueiral (Joaquim), Pernambuco.

Sucre raffiné.

146. Sanalto, Pernambuco.

Liqueur de genipapo.
Liqueur de bergamottes.

147. Santos Carvalhaes (João dos), Bahia.

Échantillons de café.

148. Santos Machado (Francisco dos), de Serra, Espirito
Santo.

Café.

149. Santos (José-Felicio dos), Minas.

Échantillons de café.

150. Santos (João-Felicio), Minas.

Échantillons de café.

151. Santos Real (Brasilico-Emilio dos), de Riacho, Espirito
Santo.

152. Saturnino da Veiga (Bernardo), Baependy.

Hesperidina.

153. Serro, Minas.

Échantillons de café.

154. Silva (A. G. da), Pernambuco.

Apéritif de cajú.

155. Silva et Cie (Rodrigues da), de Victoria, Espirito Santo.

Café.

156. Silva (Henrique da), de Coutinho, Espirito Santo.

Café de Mangarahy.

157. Silveira Lins (Livinio da), de Rio-de-Janeiro.

Sucre.

158. Silveira Barboza et Cie, Minas.

Échantillons de café.

159. Société Espirito Santense d'immigration de Petropolis, Espirito Santo.

Café.

160. Société Espirito Santense d'immigration de Rio de Farinha (Espirito Santo).

Café.

161. Société Espirito Santense d'immigration de Cachoeira d'Itapemirim (Espirito Santo).

Café.

162. Société Espirito Santense d'immigration de Timbahy (Espirito Santo).

Café.

163. Société Espirito Santense d'immigration de Santa Leopoldina, Espirito Santo.

Café.

164. Société Espirito Santense d'immigration de Vista alegre S. Leopoldina, Espirito Santo.

Café.

165. Société Espirito Santense d'immigration de Rio de Prata-Timbahy, Espirito Santo.

Café.

166. Souza Pimenta, de Rio-Janeiro.

Café.

167. Tagorro (Francisco), de Victoria (Espirito Santo).

Café.

168. Usine Pinto, de Pernambuco.

>   Sucre.

169. Usine Bambuzal, de Pernambuco.

>   Sucre.

170. Usine Bandeira, de Pernambuco.

>   Sucre.

171. Usine Manhuassu, de Pernambuco.

>   Sucre.

172. Usine Philonilla, de Pernambuco.

>   Sucre. '

173. Usine S. Antonio, de Rio-de-Janeiro.

>   Sucre.

174. Victorino (S. C.), de Pernambuco.

>   Café en graines.
>   Café torréfié.

175. Viotti (Domingo-Roiz), de Baependy.

>   Liqueur de pêches.

176. Wetzel et Cie, de Riacho (Espirito Santo).

>   Café de Timboy.

CLASSE LXXIII

Boissons fermentées.

1. Aguirre (José), de Espirito Santo.

Eau-de-vie.

2. Airosa (José-Antonio), de Rio-de-Janeiro.

Laranginha.

3. Araujo (D. Anna, T. Monjardin d'), Espirito Santo.

Genipapina.

4. Barros (R. Firmino), de Pernambuco.

Vin de Genipapo.

5. Bastos (Manoel), de Pernambuco.

Vin de Genipapo.

6. Boulitreau (C.), de Pernambuco.

Alcool rectifié.

7. Brigido (João), de Ceara.

Vin de Caju.

8. Colonie Blumenau, de Santa Catharina.

Liqueurs.

9. Commission de Pernambuco, de Pernambuco.

Noix de coco.

10. Duarte (J.-L.), de Pernambuco.

Tafia.

11. Engenho Central de Ruissaman.

> Tafia.

12. Faller et fils, de Santa Catharina.

> Tafia.

13. Gabel et Cie, de Rio-de-Janeiro.

> Bières.

14. Jacques (B.-J.), de Rio-de-Janeiro.

> Tafia.

15. Koth (J.-G.), de Rio-Grande-do-Sul.

> Vin blanc.

16. Kruss (A.), de Pernambuco.

> Bières blondes.
> Bières brunes.

17. Kuhn (Leonard), de Pernambuco.

> Vins.

18. Lunati (J.-B.), de Pernambuco.

> Vin de genipapo.
> Vin de merilla.
> Vin de mixtra brésilienne.
> Eau-de-vie de maïs.

19. Leal (Basilio E. dos S.), de Espirito Santo.

> Tafia.

20. Lemos (Antoniat.), de Pernambuco.

> Bière blanche.
> Bière noire.

21. Logos et Co, de Rio-de-Janeiro.

> Bière blonde.
> Bière brune.
> Fels beer.

22. Maia (Xavier J.-A.), de Pernambuco.

>Vin de Embirina.
>Vin de Cajú.
>Vin de Genipapo.

23. Mack et Cie (Fritz), de Rio-de-Janeiro.

>Bitter. Vermouth.
>Vin de Canne.
>Cajú.
>Tafia.

24. Perdigâo Oliveira (Frères), de Ceara.

>Vin de Caju.

25. Pinto Pessoa (Isabel), de Pernambuco.

>Vin de Cajú.
>Bière noire.

26. Rodrigues (Miguel-Ignacio), de Espirito Santo.

>Genièvre.

27. Silva (A. G. da), de Pernambuco.

>Apéritif de Cajú.

28. Veiga (Bernardo-Saturnino da), de Baependy.

>Vin de Minas Geraes.

29. Viotti (Domingos Roiz), de Baependy.

>Vin de Minas Geraes.

CLASSE LXXX

Plantes potagères

1. Commission de Pernambuco.

6 pieds d'abacaxis.

CLASSE LXXXII

1. Ribeiro (Capitaine João), de Victoria (Espirito Santo).

Châtaigne indigène.

2. Teixeira Maia (João), de Victoria (Espirito Santo).

Doce de Camará.
Palmiers en exemplaires rares et uniques.
Livingstonia Gienga.
Kentia Balmoreana, de grande valeur.
Oveos Bonnetti, rare.
Ceroxylan niveum, magnifique palmier de la pro-
vince de Bahia, introduit vers 1871.
Cocos flexiosa, palmier à feuillage en forme de
plume, nom vulgaire (cocotier).
Ittalea Maripas.
Thrinax Chuco, palmier introduit des plaines du
Brésil méridional.
Philodendrum Mélanonci.
Philodendrum gloriosum.
Philodendrum Imperialis, très intéressant.
Philodendrum Corseanum.

2. Teixeira Maia (João), de Victoria (Espirito Santo) *(Suite)*.

14. Tillandsia tesselatta, originaire de la province de
    Santa-Catharina.
    Vriesea Glarouani.
    Nidiclarium fulgens.
    Nidiclarium Meyendosffé.
    Vriesea Hieroglyphica.
    Phillotœnium Lindeni, *calocasiacée*.
    Mirante Massangeana.
    Mirante Makoyana.
    Mirante Illustris.
    Mirante Oppenheima.
    Pothos aurea, aroïdé.
    Cophea trabica, plante utile.
    Anthurium Veitchi, Aroïdé provenant de Rio
        Atrato, découvert par M. Wallis.
    Anthurium Ferrierense.
    Anthurium Crystallinum.
    Anthurium Schertzerianum.
    Anthurium Williamsi.
    Diffenbachia Leopoldi.
    Diffenbachia Amœna.
    Diffenbachia Brasiliensis.
    Cisus discolor, plante grimpante.
    Dioscorea discolor, multicolor.
    Cibotium Schiedea.
    Nephrodium Corimbifera.
    Asplenium Falcanei.
    Mecralepia hirta crista.
    Artrocarpusicanon.
    Cocalobia pubescens.
    Dracena Lindeni, originaire du Brésil.
    Carludovica palmata.
    Dans l'Aquarium en plein air, se trouve la *Vic-
        toria Regia*, la reine des plantes, qui appartient
        à la famille des Nymphéacées et dont la décou-
        verte remonte à 1801. Ses feuilles gigantesques
        et flottantes atteignent parfois jusqu'à 1^m,50 de
        diamètre.

ANNEXE

EXPOSITION UNIVERSELLE DE 1889

EXPOSITION ARCHÉOLOGIQUE ET ETHNOGRAPHIQUE

BRÉSILIENNE

SOUS

LES AUSPICES DU COMMISSARIAT GÉNÉRAL DU BRÉSIL

DIRECTEUR

Le Professeur LADISLAO NETTO

Directeur du Muséum d'histoire naturelle de Rio-de-Janeiro,
Membre du Conseil de S. M. l'Empereur du Brésil.

Cette Exposition a lieu au Pavillon de l'Amazone

(SECTION DE L'HISTOIRE DE L'HABITATION HUMAINE)

1889

PAVILLON DE L'AMAZONE

Collection céramique composée d'antiquités exhumées, en grande partie, de l'île de Marajó, à l'embouchure de l'Amazone, et appartenant au Muséum National de Rio-de-Janeiro.

1. Plat trouvé dans les fouilles faites au *Mound* de Pacoval, dans l'île de Marajo. Peint en rouge, noir et blanc.
2. Couverture d'urne funéraire, peinte en dedans en rouge, noir et blanc. Même origine.
3. Plat peint en rouge sur fond blanc. Même origine.
4. Plat peint en rouge sur fond blanc. Même origine.
5. Plat peint en rouge sur fond blanc. Même origine.
6. Patère au bord sculpté, peinte en rouge et noir, trouvée dans le *Mound* de Sainte-Isabelle, île de Marajo.
7. Plat avec une anse, représentant la tête humaine, peint à l'intérieur et gravé à l'extérieur, *Mound* de Pacoval.
8. Plat à deux anses figurées. Peint en rouge et noir extérieurement. Même origine.
9. Patère ciselée à l'extérieur et peinte en rouge intérieurement. Même origine.
10. Plat ciselé extérieurement. Même origine.
11. Plat peint en rouge, avec deux saillies figurées sur le bord. Même origine.
12. Plat ciselé extérieurement. Même origine.
13. Plat ciselé extérieurement, orné de sculptures sur le bord. Même origine.

14. Patère ciselée extérieurement et peinte à l'intérieur en rouge et noir sur un fond blanc. Même origine.

15. Plat peint en rouge et noir, trouvé dans la vallée supérieure de l'Amazone.

16. Grande urne funéraire, sculptée et ciselée, à deux anses figurées. Trouvée dans le *Mound* de Pacoval, île de Marajo.

17. Urne funéraire, sculptée et ciselée, avec des reliefs figurés. Même origine.

18. Urne funéraire, sculptée et ciselée, avec des reliefs représentant des sauriens à face humaine. Même origine.

19. Urne funéraire, sculptée et ciselée. Même origine.

20. Urne funéraire, sculptée et ciselée, avec deux petites anses. Même origine.

21. Urne funéraire, sciée transversalement à la moitié de sa hauteur, pour montrer la disposition des os qu'elle renferme. Même origine.

22. Urne funéraire, sculptée et ciselée. Même origine.

23. Vase sculpté et gravé, avec des figures d'animaux. Même origine.

24. Urne funéraire ciselée, à base conique, avec deux anses. Quelques feuilles y sont nettement représentées. Même origine.

25. Urne funéraire ciselée, à base conique. Même origine.

26. Vase ciselé, sphéroïdal, avec saillie d'un côté. Même origine.

27. Vase sculpté et ciselé, avec des peintures. Même origine.

28. Vase ciselé, ayant le bord sculpté. Même origine.

29. Petit vase ciselé, de forme aplatie. Trouvé dans le *Mound* de Sainte-Isabelle, dans l'île de Marajo.

30. Vase ciselé. Trouvé dans le *Mound* de Pacoval.

31. Vase noir, rudimentairement ciselé. Haut Amazone.

32. Vase noir, rudimentairement ciselé. Haut Amazone.

33. Vase ciselé, quadrangulaire, au bord sculpté. Trouvé dans le *Mound* de Pacoval.

34. Vase ciselé. Même origine.

35. Vase sculpté et ciselé, à anse zoomorphe. Même origine.

36. Vase sphéroïdal ciselé. Même origine.

37. Vase sculpté et ciselé, orné de reliefs zoomorphes. Même origine.

38. Vase sculpté et ciselé, avec quatre anses zoomorphes. Même origine.

39. Vase ciselé, à base conique. Même origine.

40. Vase quadrangulaire, à ciselures rudimentaires. Même origine.

41. Vase ciselé, à gorge resserrée, avec saillie d'un côté. Même origine.

42. Vase sculpté et ciselé, orné de reliefs figurés. Même origine.

43. Vase ciselé, quadrangulaire, dont la bouche représente celle d'un batracien largement ouverte. Même origine.

44. Vase en forme de gourde, finement ciselé. Même origine.

45. Vase en forme de gourde, finement ciselé. Même origine.

46. Vase en forme de gourde, finement ciselé. Même origine.

47. Petit vase ciselé, cylindrique. Même origine.

48. Petit vase ciselé, représentant le fruit d'un Lecythis. Même origine.

49. Petit vase en forme de gourde, à deux anses zoomorphes, orné de ciselures très fines. *Mound* de Sainte-Isabelle, dans l'île de Marajo.

50. Petit vase en forme de gourde, à deux anses zoomorphes, orné de ciselures très fines. *Mound* de Saint-Isabelle, dans l'île de Marajo.

51. Grande urne funéraire, peinte en rouge et noir, sur fond blanc. *Mound* de Pacoval.

52. Vase peint en blanc et noir, à gorge rétrécie. Même origine.

53. Vase peint en blanc, rouge et noir. Même origine.

54. Vase peint en rouge, sur fond blanc. Même origine.

55. Vase peint en rouge, sur fond blanc. Même origine.

56. Vase peint en rouge, sur fond blanç. Même origine.

57. Vase peint en rouge. sur fond blanc. avec deux anses rudimentaires. Même origine.

58. Vase sculpté, zoomorphe. Même origine.

59. Vase sculpté anthropomorphe. Même origine.

60. Vase sculpté, anthropomorphe. avec deux trous pour être suspendu. Même origine.

61. Urne anthropomorphe, peinte en rouge et noir, sur fond blanc. La partie supérieure de cette urne est très remarquable. Trouvée dans la vallée du Madeira (Haut Amazone).

62. Urne anthropomorphe représentant un individu assis. La tête est ornée de saillies, probablement numériques. Trouvée dans les cavités sous roche de Maracá, rive gauche de l'Amazone. presqu'en face de l'ile de Marajó.

63. Urne anthropomorphe rudimentairement sculptée. Trouvée dans l'ile de Marajó.

64. Vase anthropomorphe, ciselé. Trouvé dans le *Mound* de l'acoval, à l'ile de Marajó.

65. Tête de vase anthropomorphe ou d'une statuette. Même origine.

66. Anse de vase anthropomorphe. Même origine.

67. Anse zoomorphe d'un vase funéraire. Même origine.

68. Anse ou ornement de vase représentant un bossu. Même origine.

69. Anse ou ornement anthropomorphe de vase. Même origine.

70. Ornement de vase représentant un bossu. Même origine.

71. Ornement de vase représentant la tête d'un oiseau de proie. Trouvé sur le bord du Rio Trombetas.

72. Ornement de vase. Trouvé sur le bord du Rio Trombetas.

73. Statuette représentant un bossu. Cette statuette était primitivement peinte en rouge, sur fond blanc. *Mound* de l'acoval.

74. Statuette représentant une femme. Trouvée sur le bord du Rio Trombetas.

75. Fétiche anthropomorphe, à la tête aplatie. *Mound* de
Pacoval.

76. Fétiche anthropomorphe, ciselé, orné de deux trous par où
ce fétiche était suspendu. *Mound* de Pacoval.

77. Anse figurée d'un vase. Rio Trombetas.

78. Polissoir en diorite. De la province de Sainte-Catherine.

79. Poids en diorite. Trouvé dans un Sambaqui de la province de Sainte-Catherine.

80. Poids perforé en diorite. Trouvé dans un Sambaqui de
Saint-Paul.

81. Poids perforé en diorite. Employé probablement comme
casse-tête ou hache. Trouvé dans la province de Rio-
Grande-du-Sud.

82. Hache perforée en syenite, servant peut-être d'amulette.
Trouvée dans la province de Minas Geraes.

83. Pointe de javelot en syenite, employée pour frapper les
animaux sans blesser. Trouvée dans la province de
Goyaz.

84. Pointe de javelot en serpentine, pour le même usage. Trouvée aux environs de Rezende, province de Rio-de-Janeiro.

85. Pointe de flèche en silex, province de Minas Geraes.

86. Pointe de flèche en silex, province de S. Paulo.

87. Pointe de flèche en quartz hyalin. Trouvée dans la province de Minas Geraes.

88. Pointe de flèche de quartz hyalin. Trouvée dans la province de Rio-de-Janeiro.

89. Tembetas (ornements de la lèvre inférieure), en néphrite,
appartenant à Mme la vicomtesse de Cavalcanti. Trouvé
dans la province de Maranháo.

90. Tembeta en béryl. Trouvé dans la province de Bahia.

91. Tembeta en orthose verte. Trouvé dans la province d'Alagoas.

92. Tembeta en quartz hyalin. Trouvé dans la province de
Goyaz.

93. Tembeta en quartz hyalin. Trouvé dans la même province.

94. Amulettes en néphrite. Appartenant à Mme la vicomtesse de Cavalcanti. Trouvées dans la province de Maranhão.

95. Instrument sans but connu, quoique ayant la forme d'une pioche, en diorite. Trouvé à Sainte-Catherine.

96. Instrument paraissant destiné à creuser la terre, en diorite. Trouvé dans la province de Sainte-Catherine.

97. Instrument pareil au précédent. Même origine.

98. Pipe en steatite ou argilite. Trouvée dans la province de Bahia, côte du Sud.

99. Pipe de la même substance. Trouvée dans la province de Sergipe.

100. Fuseau en grès compact, ciselé. Trouvé à l'embouchure du Tapajoz.

101. Fragment de quartzite qu'on commençait à préparer pour en extraire un ornement de lèvre. Trouvé en Goyaz.

102. Fragment d'orthose vert dont on allait extraire un Tembeta. Trouvé à Minas Geraes.

103. Anse zoormorphe d'un vase, même nature, même origine.

104. Figure phallique en argile, primitivement peinte. *Mound* de Pacoval.

105. Figure phalliforme en argile sans la tête. Même origine.

106. Fétiche en argile, peinte en rouge sur fond blanc. Même origine.

107. Tangas (*Folia vitis*) trouvées dans les urnes funéraires qui renfermaient des os de femme. Ces ornements de pudeur sont faits en argile cuite et peinte avec la plus grande délicatesse. On y voit les trous par où elles étaient attachées contre l'organe qu'ils couvraient. *Mound* de Pacoval.

108. Tanga en argile, sans aucun ornement. Même origine.

109. Instrument de musique, en argile sculptée. Même origine.

110. Mortier en forme de poisson en diorite noir. Trouvé dans l'intérieur d'un Sanbaqui (dépôt d'huitres) à la côte de Santa-Catharina.

111. Mortier en forme d'oiseau, en diorite. Même origine.

112. Mortier en forme d'oiseau, en diorite. Même origine.

113. Mortier en forme d'oiseau, en diorite. Même origine.

114. Mortier en forme d'oiseau, en diorite. Même origine.

115. Mortier en forme de poisson. Même origine.

116. Fétiche en forme de poisson, en diorite, avec deux trous par où on l'attachait à la proue des canots de pêche. Trouvé dans le rio Trombetas, Amazone.

117. Mortier en forme d'oiseau, en diorite. Trouvé dans un Sambaqui de Santa Catharina.

118. Mortier en forme d'oiseau, en diorite. Trouvé dans un Sambaqui de Santa Catharina.

119. Mortier en forme d'oiseau, en diorite. Trouvé dans un Sambaqui de Santa Catharina.

120. Mortier en forme d'oiseau, de la province de Parana. Trouvé dans un Sambaqui.

121. Pilon en diorite. Trouvé dans la province de Minas Geraes.

122. Pilon en diorite. Trouvé dans la province de Bahia.

123. Pilon en diorite. Même origine.

124. Pilon en diorite. Trouvé dans un Sambaqui de Santa-Catharina.

125. Pilon en diorite. Trouvé dans la province de Rio-de-Janeiro.

126. Rouleau à moudre, en diorite. Trouvé dans l'intérieur de la province de Santa-Catharina.

127. Instrument en diorite servant à creuser la terre. Province de Minas.

128. Instrument en diorite, servant à creuser la terre. De la province de Bahia.

129. Hache en fibrolithe, de la province de Ceara.

130. Hache en fibrolithe, de la province d'Alagoas.

131. Hache en fibrolithe, de la province de Minas Geraes.

132. Hache en diorite, en ébauche. Province de Rio-Grande-du-Sud.

133. Hache en diorite, en ébauche.

134. Hache en diorite, en ébauche, de la province de Minas Geraes.

135. Hache en forme de croissant, en syenite, de la province de Minas Geraes.

136. Hache en forme de croissant, de la province de S. Paulo.

137. Hache en forme de croissant, en porphyre de la province de Bahia.

138. Hache en forme de croissant, en diorite, de la province de Maranhâo.

139. Hache en néphrite, de la province de Bahia.

140. Hache en néphrite, de la province de Minas Geraes.

141. Hache en diorite, de la province de S. Paulo.

142. Hache en diorite, de la province d'Alagoas.

143. Hache en diorite, de la province de Minas Geraes.

144. Hache en porphyre, de la province de Bahia.

145. Hache en diorite, de la province de Santa Catharina.

146. Hache en diorite, de la province d'Alagoas.

147. Hache en quartzite, de la province de Minas.

148. Pierre à aiguiser, de la province de Santa Catharina.

149. Pointes en diorite. Trouvées dans les Sambaquis de Santa Catharina.

150. Masques des Indiens Ticunas qui s'en servent dans leurs fêtes traditionnelles. Les Ticunas vivent dans le Haut Amazone, aux frontières du Pérou.

151. Vêtements des Ticunas pendant leurs fêtes, appartenant à Mme de Santa Anna Nery.

152. Vêtements des Indiens Caïngangs qui peuplent une certaine zone de l'intérieur de la province de Parana.

153. Ceintures des Indiens Jaouas, Rio-Branco, Haut Amazone.

154. Ornements en plume des Indiens Apiacas, habitants de l'intérieur de Matto Grosso.

155. Ornements en plumes des Indiens Mundurucus, qui vivent dans la vallée de Tapajoz, affluent de l'Amazone.

156. Ceintures en écorce peinte, employées par des Indiens du Rio Branco.

157. Ornements en plumes des Indiens du Haut Amazone.

158. Bâtons en plumes des chefs Mundurucus.

159. Panoplie composée d'armes de chasse et de pêche de quelques tribus d'Indiens du Brésil. Ces armes ont été choisies pour les collections du Muséum national de Rio-de-Janeiro; appartenant à Mme de Santa Anna Nery.

160. Hamacs en fibres de tucum et ornés de plumes. Appartenant à M. Aurelio de Figueireido. Haut Amazone.

161. Hamac de la même nature et de la même origine.

162. Panoplie d'armes et de plumes, composée d'objets des
Indiens du Haut Amazone ; appartenant à Mme de Santa
Anna Néry.

163. Panoplie composée d'armes de chasse et de pêche des
Indiens de l'Amazone ; appartenant à Mme de Santa
Anna Néry.

164. Instruments de guerre et de musique ; le plus grand est
le fameux *Mboré*, dont le chef des Apiacas se sert pour
donner des ordres à ses guerriers.

165. Casse-têtes, instruments des Indiens Guajajaras des rios
Xingu et de l'Araguaya.

166. Sarbacanes avec leurs carquois contenant des traits empoi-
sonnés, appartenant à M. Ducasble. Ces instruments
sont employés par les Indiens Ticunas dans la chasse
aux oiseaux.

167. *Cuias* faites de demi-calebasses. On les fabrique dans la
vallée inférieure de l'Amazone. Ces objets appartiennent
à Mme de Santa Anna Néry.

168. Tableau représentant un missionnaire au milieu des
Indiens Yauperys dans la vallée du fleuve du même
nom. Tableau fait d'après nature par M. Arthur Lins.

169. Portrait d'une Indienne Botocuda, appartenant à M. Ducasble.

170. Portrait d'un Indien Uaupé, appartenant à M. Ducasble.

171. Portrait d'un Indien du Rio Negro, appartenant à M. Ducasble.

172. Portrait d'un Botocudo orné d'un collier de dents, appartenant à M. Ducasble.

173. Portrait d'un Indien du Haut-Amazone, appartenant à
M. Ducasble.

174. Portrait d'une métisse de l'Amazone, appartenant à M. Ducasble.

175. Tête momifiée d'un chef Jivaro, Haut Amazone. appartenant à M. le baron de Marajó.
176. Bancs des Indiens Uaupés.
177. Râpe dont on se sert pour râper le manioc chez les Indiens
Uaupés.
178. *Tipitys*, pressoirs employés pour comprimer le manioc
après le râpage.
179. Paniers employés par tous les Indiens de l'Amazone.
180. Filet de pêche, appartenant à Mme de Santa Anna Nery.
181. Ornements des Indiens du Haut Amazone. appartenant à
MM. Boris frères.
182. Javelots de divers tribus de l'Amazone.
183. Instruments destinés à l'absorption du Paricá.
184. Sacs de différentes tribus d'Indiens du nord et du sud du
Brésil.

RÉPERTOIRE ALPHABÉTIQUE

NOMS	VILLES ET PROVINCES	CLASSES
A		
Abiahy (Baron)	Parahyba	44
—	—	72
Abreu (Herculano P. de)	Minas Geraes	72
Aguiar (Feliz Antonio)	—	72
Aguilar (J. de)	Diamantina	41
Aguirre (José)	Espirito Santo	72
—	—	73
Aimau (José)	Rio-de-Janeiro	30
Airosa (José Antonio)	—	73
Albuquerque (Ernesto Diocletiano d')	Ceará	67
Allers (Pedro)	Pernambuco	72
Almeida (Colonel)	Minas Geraes	45
Alvaro (Dr Alberto)	Rio-de-Janeiro	14
Almeida (de)	—	1
Alvel (Fréderic Von)	—	34
Alves (et Cie)	—	9
Alves (Ferreira)	Gouvea	43
Alves (Manuel H.)	Pernambuco	72
Alves Nascimento (José)	Minas Geraes	72
Alves (J. P.)	Porto Alegre	69
Alves Vicente	Pernambuco	43
—	—	72
Americo (Pedro)	Parahyba do Norte	2
Amorim (M. J. D.)	Pernambuco	60
Anastacio (Antonio de)	S. Leopoldina (Esp.S.)	42
Andrade (Abigial de)	Rio-de-Janeiro	1
Andrade (Angelino)	S. Leopoldina (Esp.S.)	45
Andrade (Anselmo Ferreira de)	Medanha-Diamantina	43
—	—	45
Andrade (Ferreira de)	Minas Geraes	45
Andrade (Carlos de)	Ouro-Preto	43
Andrade (Carlos Gabriel d')	—	41

NOMS	VILLES ET PROVINCES	CLASSES
Araujo (L. Anna T. Monjardin d')	Espirito Santo	73
Areas (L. Simoës)	S. Catharina	67
Arruda (Carlos B. de)	Pernambuco	29
Arsenal de Guerre	—	17
—	—	41
—	Rio-de-Janeiro	38
Arsenal de Marine	Pernambuco	17
—	—	42
—	—	63
—	—	65
Assis Souza (Francisco)	Bahia	72
Atalaya (Candida Barboza d')	S. Leopoldina (Esp. S.)	42
Atalaya-Hulo (J. Barboza d')	—	42
Athayde (D. E.)	Conde d'Eu	42
Athayde (D. E.)	S. Leopoldina (Esp. S.)	42
—	Victoria (Espir. Santo)	42
Aubé (Madame)	Rio-de-Janeiro	6
Avellar (J. Gomes R. d')	—	42
Avellar (Vassouras)	—	42
Azevedo (A. de)	Pernambuco	9
—	—	45
Azul (Baron de Serro)	Paraná	42

B

NOMS	VILLES ET PROVINCES	CLASSES
Bahia Central Sugar Factorie	Iguape	72
Bahia Sugar Factorie	Rio-Fundo	72
Ballá (Julio)	Rio-de-Janeiro	1
—	Domicile : Paris	2
Baptista (Luiz J.-C.)	Pernambuco	17
Baptista (Thomas Diaz)	Imbitura	42
Barboza Filho	Santa Barbara	41
Barboza Filho (José)	Espirito Santo	42
Barboza (D. Joverino)	Rio-de-Janeiro	72
Barros (Firmino)	Pernambuco	44
—	—	73
Bastos (Manoel)	Pernambuco	43
—	—	72
—	—	73
Bartholomeo et C.	Pernambuco	45
Bella-Vista (Serraria de)	San Paulo	42

NOMS	VILLES ET PROVINCES	CLASSES
Bellegarde (G.)	Rio-de-Janeiro	7
Bentsman (Manoel)	Victoria	43
Berard (Daniel)	Rio-de-Janeiro	1
—	Domicile : Paris	
Berges (Hermenegildo)	Espirito Santo	72
Bernardelli (Henri)	Rio-de-Janeiro	1
Bery (G.-F.-S.)	Minas Geraes	72
Besser Fritz Ruhn (Aldof)	Rio-de-Janeiro	43
Bherings	Rio-de-Janeiro	72
Bibliothèque Nationale	Rio-de-Janeiro	9
Bittencourt (A.-L.)	Rio-de-Janeiro	36
Bittencourt (J.)	Rio-de-Janeiro	36
Bittencourt (M.-G.)	Rio-de-Janeiro	44
Bloch (A.)	Paris	41
Boiteux (H.)	Rio-de-Janeiro	33
Borges de Athayde (Antº)	Rio Novo (Espirito Santo)	72
Borges de Castro	Rio-de-Janeiro	45
Boris Frères	Baturité (Ceara)	29
—	—	34
—	—	35
—	—	36
—	—	39
—	—	42
—	—	43
—	—	44
—	—	45
—	—	67
—	—	72
Boulitreau (C.)	Pernambuco	73
Braga (J. de S.)	Itaperim	42
Braga (J. M. S.)	Victoria (Espirito Santo)	42
Brandaõ Irmao	Bahia	43
Brant (C. José Ferreira)	Minas Geraes	45
Brazilicus	Rio-de-Janeiro	7
Breme	Victoria	72
Briggs (G.-C.-R.)	Rio-de-Janeiro	7
Brigido (João)	Ceara	43
—	—	44
—	—	73
Buenos-Dias et Cº	Rio-de-Janeiro	45

NOMS	VILLES ET PROVINCES	CLASSES

C

NOMS	VILLES ET PROVINCES	CLASSES
CABIAL (Mme Lauro)	Minas Geraes	45
CAMARA (Manoel da Fermosa)	Rio-de-Janeiro	42
CAMPOS NELSON	Diamantina	28
CANDIDO (Ludgero)	Cucumatahy	42
CARDOSO MONTEIRO ET Cº	Rio-de-Janeiro	10
CARDOSO ET SIEBURGER	Rio-de-Janeiro	47
CARNEIRO (Antº Rod.)	Ceara	43
CARVALHO ANDRADE ET Cº	Rio-de-Janeiro	36
CARVALHO (Antonio Lucio)	Rio-de-Janeiro	44
CARVALHO (A. dos Santos)	Rio-de-Janeiro	52
CARVALHO (J. C. da)	Rio-de-Janeiro	9
CARVALHO ET Cº (Moreira)	Rio-de-Janeiro	42
—	—	52
CARVALHO ET IRMAO	Pernambuco	44
CARVALHO (Juan-Antonio)	Ex-colonie de Rio Novo	72
CARVALHO (João-Antonio)	Espirito Santo	
CARVALHO (A. L.)	Valença	29
CASA DE CORREIÇAO	Rio-de-Janeiro	20
—	—	41
CASA-FORTE (baron de)	Pernambuco	42
CASTRO (J. C. S. P. de)	Rio-de-Janeiro	6
—	—	7
CASTRO João E. G.	Pernambuco	29
CATAÓ (Gomes Gardin), ingénieur	Diamantina	41
—	—	43
CAVALCANTI (vicomte de)	Rio-de-Janeiro	42
CAVALCANTI (vicomtesse de)	—	11
—	—	37
—	—	41
CAVALCANTI (Antonio)	Pernambuco	72
CAVALCANTI (J. B. U.)	Rio-de-Janeiro	7
—	—	63
CELERIER (Raymond)	Paris	70
CENTRO DO COMMERCIO DE ASSUCAR	Rio-de-Janeiro	72
CHAGAS (F. B.)	Pernambuco	72
CHAVES (Elias A. P.)	San Paulo	9
CLARINDO (F. de Santa Nelson)	Diamantina	45
CLUB DO HEIRANO	Itapemirim	44

NOMS	VILLES ET PROVINCES	CLASSES
COELHO (Antonio Alves).	Minas Geraes	45
COLONIA ISABELLE	Pernambuco	72
COLONIE DES ORPHELINS	Pernambuco	34
COLONIA DE S. LUIZ	Minas Geraes . . .	69
—	—	70
—	—	72
COLONIE BLUMENEAU	Santa Catharina . . .	69
—	— . . .	71
—	— . . .	73
COMITÉ FRANCO-BRÉSILIEN	Paris.	9
COMMISSARIAT GÉNÉRAL DU BRÉSIL.	Paris.	16
COMMISSION DE	Bahia	9
COMMISSION DE.	Bahia	72
COMMISSION DE.	Espirito Santo. . . .	72
COMMISSION DE.	Minas Geraes	9
—	—	30
—	—	41
—	—	42
—	—	43
—	—	44
—	—	45
COMMISSION CENTRALE DE	Rio-de-Janeiro . . .	6
—	—	9
—	—	30
—	—	41
—	—	67
—	—	72
COMMISSION DE.	Pernambuco.	6
—	—	9
—	—	17
—	—	20
—	—	21
—	—	23
—	—	29
—	—	34
—	—	35
—	—	36
—	—	41
—	—	42
—	—	43
—	—	44
—	—	55

NOMS	VILLES ET PROVINCES	CLASSES
COMMISSION DE	Pernambuco *Suite*	63
—	—	65
—	—	67
—	—	69
—	—	72
—	—	73
—	—	80
—	San Paulo	72
COMMISSION DE	Santa Catharina	67
COMPAGNIE ARROIS DOS RATTOS	Rio-Grande	41
COMPAGNIE DE NAVIGATION FLUVIALE DE L'AMAZONE		65
COMPANHIA BRAZIL INDUSTRIAL	Rio-de-Janeiro	30
COMPANHIA D'EDIFICAÇÃO	Pernambuco	41
—	—	63
COMPANHIA LUZ STEARICA	Rio-de-Janeiro	45
COMPANHIA PETROPOLITANA	Rio-de-Janeiro	30
COMPANHIA UNIÃO AGRICOLE	Porto-Réal	72
CONCEÇÃO (Antonio Pedro de)	Victoria (Espirito Santo)	42
— — —	— —	43
CONCEÇÃO (José B. da)	Pernambuco	44
CONCEIRO (J. dos Santos)	Rio-de-Janeiro	13
CORDEIRO, Joao	Ceara	44
— —	—	45
— —	—	72
CORDEIRO, Paulo	Rio-de-Janeiro	44
CORPO DE BOMBEIROS (Arsenal de guerre)	Rio-de-Janeiro	36
CORREA et Cie, José F.		44
CORREA DE SILVA (Mr Joaquim)	Rio-de-Janeiro	63
COSTA (Anacleto Dias da)	Minas	72
COSTA (Anselm Pereira)	Diamantina	43
COSTA (Antonio Lopez da)	Rio-de-Janeiro	44
COSTA H. (Delphino)	Victoria (Espirito Santo)	72
COSTA (F.-A.-P.)	Pernambuco	9
COSTA (Henrique da)	Diamantina	45
COSTA (Justiniaro Bento da)	Diamantina	43
— — —	—	45
COSTA JUNIOR (L. R.)	Rio-de-Janeiro	7
COSTA SENA (J. da)	Diamantina	28
COSTA SENA (Candido da)	Ouro-Preto	43
COSTA SENA (José de)	Minas	43
COTTIAS (G.-B.)	Rio-de-Janeiro	45

NOMS	VILLES ET PROVINCES	CLASSES
Cousseiro (Jéromia)	Pernambuco	67
— —	Pernambuco	71
Coutinho Emilio,	Espirito Santo	72
Coutinho Enrique	Espirito Santo	72
Coutinho Emique	Mangrahy	67
Couturier	Rio-de-Janeiro	7
Cruls L.	Rio-de-Janeiro	9
Cunha (Ac da C.)	Rio-de-Janeiro	7
Cunha (Pedro-Célestino)	Gouvea	72
Custabio (J.-José)	Santa Catharina	67

D

NOMS	VILLES ET PROVINCES	CLASSES
Dannemann	Bahia	44
Debretins (Martins)	Santa Catharina	67
Demarchi (Scipioni)	Rio-de-Janeiro	44
Desmerer	Santa Catharina	69
Diamantina (Ville de)	Diamantina	28
— —	—	42
— —	—	45
Dias (Ildefonso Leite F.)	Rio-de-Janeiro	45
— —	—	73
Diniz	Gouvea (Minas Geraes)	43
Douane de	Rio-de-Janeiro	9
Duarte et Simoes (J.)	Pernambuco	72
— —	—	73
Ducasble (Alfredo)	Pernambuco	1
— —	—	3
— —	—	12
— —	—	17
— —	—	20
— —	—	29
— —	—	34
— —	—	37
— —	—	43
— —	—	50
Dupeyron (Narciso)	Pernambuco	45
Dutra (Alfedo)	Céara	44
— —	—	67

NOMS	VILLES ET PROVINCES	CLASSES

E

NOMS	VILLES ET PROVINCES	CLASSES
École des mines	Ouro Preto	8
— —	—	41
— —	—	45
Eisenbach et Cie (Jorge)	San Paulo	27
Emendoerfer (G.)	Santa Catharina	67
Engenho central	Comburey (Minas Geraes)	72
— —	Rio-de-Janeiro	72
— —	Quissamã	72
— —	—	73
— —	Vista Alegre (Minas Geraes)	72
— —	Esperança (Minas Geraes)	72
— —	Rio-Branco	72
— —	Virrariga	72
— —	Bomjardin (Bahia)	72
— —	Maracaugalle (Bahia)	72
Engenho central de fabrica depojuc	Bahia	72
Engenho central	Acerto (Pernambuco)	72
— —	Conceição (Pernambuco)	72
— —	Bondade (Pernambuco)	72
— —	Queimados (Rio-de-Janeiro)	72
Engenho central	—Madre de Deus (Rio-de-Janeiro)	72
— —	— Paraiso (Rio-de-Janeiro)	72
— —	Bôa Esperança (Rio-de-Janeiro)	72
Engenho central	Parahyba (Rio-de-Janeiro)	72
— —	Pourga (Rio-de-Janeiro)	72
— —	Cupim-Rio-de-Janeiro	72
— —	S. José —	72
— —	Coqueiros (Rio-de-Janeiro)	72

NOMS	VILLES ET PROVINCES	CLASSES
ENGENHO CENTRAL *(suite)*	Caetano (Rio-de-Janeiro)	72
— —	Sapucaia (Rio-de-Janeiro)	72
— —	Rio Bonito (Rio-de-Janeiro).	72
— —	S. Joãs (Rio-de-Janeiro)	72
— —	Bracahuy (Rio-de-Janeiro)	72
— —	Riachão (Pernambuco).	72
— —	Lorcina (S. Paulo). .	72
ENTRE-RIOS	(Minas Geraes) . . .	44
ESBERARD (F. Antonio Maria).	Rio-de-Janeiro. . . .	19
—	—	20
ESTRADA DE FERRO DOM PEDRO II.	Rio-de-Janeiro . . .	61
—	—	63
ESTRADA DE FERRO, NAVEGAÇÃO PAULISTAO .	San Paulo	61
— .	—	65

F

NOMS	VILLES ET PROVINCES	CLASSES
FABRICA DE TECIDOS DE RINK	Rio-de-Janeiro. . . .	31
—	—	32
—	—	33
—	—	36
— — S. LAZARO	Rio-de-Janeiro . . .	35
FABRICA S. JOÃO D'IPANEMA	San Paulo	41
FABRICA PROGRESSO.	Rio-de-Janeiro. . . .	17
FABRICA DO RETIRO.	Bahia.	45
FABRIQUE CENTRALE DE TEUMA.	Pernambuco.	72
FABRIQUE DE PALMARES	Pernambuco.	72
FACHINETTI.	Rio-de-Janeiro. . . .	1
FAGUNDES DE AVELLAR (José Ant.).	(Minas Geraes) . . .	72
FALLER ET FILHO	Santa Catharina. . .	72
—	—	73
FARIA (Fabio Antonio)	Rio-de-Janeiro. . . .	33
FARIA (Julio Hermenjaldo)	Pelotas.	70
FAZENDA DAS BANANEIRAS.	Parahyba.	72
FERNANDES (Gustavo José)	Bahia.	72
FERREIRA (Félix).	Rio-de-Janeiro . . .	6

NOMS	VILLES ET PROVINCES	CLASSES
FERREIRA (Nicolão et Cie)	Rio-de-Janeiro	35
FERREIRA (Dr João)	Pernambuco	52
FERREIRA BRANT (C. José)	Diamantina (Minas Geraes)	41
—	—	43
FERREIRA BRANT JUNIOR (F. Bento)	Diamantina	41
FERREIRA (J. Manuel)	Vienna (Espirito Santo)	42
—	—	44
—	—	45
FERREIRA (Cel Manoel Nunes)	Victoria (Espirito Santo)	42
—	—	44
—	—	45
—	—	67
FERREIRA ET Cie (Joaquim Luiz)	Maranhão	45
FERREIRA DA FONSECA (Marciano)	(Minas Geraes)	72
FERREIRA DA FONSECA (Marcial)	(Minas Geraes)	72
FERREIRA RIOS (José)	(Minas Geraes)	72
FERREZ (Mare)	Rio-de-Janeiro	12
FIDANZA (J. A.)	Para	12
FIGUEIREDO-AURELIO	Rio-de-Janeiro	1
—	—	39
FIGUEIREDO (João Anto)	Diamantina (Minas Geraes)	41
FIRMINO (Clarindo)	Diamantina	45
FONSECA (J. da)	Pernambuco	29
—	—	42
FONTANA (F.-J.)	Curityba	72
FRANKLIN ET Co	Rio-de-Janeiro	72
FREITAS (Mme Duchemin de)	Maranhão	11
FREITAS SOARES ET ROCHA	Rio-de-Janeiro	36
FREITAS J.-V. (de)	Victoria (Espirito Santo)	42
FREITAS (João)	Pernambuco	44
—	—	72

G

NOMS	VILLES ET PROVINCES	CLASSES
GABEL ET Cie (Viuva)	Rio-de-Janeiro	72
GALERIA (Illustrada)	Curityba	9
GAND (Auto frey)	Blumenau	73

NOMS	VILLES ET PROVINCES	CLASSES
Gaviao Peixoto (Bernardo)	San Paulo	72
Gaviao Peixoto (B.A.)	Niagara (Rio-de-Janeiro)	72
Gérard (J.)	Pernambuco	35
Giminto (Clarindo)	Diamantina (Minas Geraes)	45
Gold Mine Cⁿ (John del Rey)	Cuiabá	41
Gonnelle (P.)	Paris	8
Gorceix	Ouro Preto	43
Gorceix (H.)	Baependy	41
Gouvea (Fco)	Ceara	72
Gouvea (João de)	Diamantina (Minas Geraes)	43
Grenio (Emio)	Espirito Santo	42
Grenio Cachoeirano	Victoria (Espirito Santo)	42
Grenio Bibliothecario	Victoria (Espirito Santo)	42
Guedes (Manoel)	Tatuhy (San Paulo)	30
—	—	32
Guimaraes	Rio-de-Janeiro	12
Guimaraes (J. A. da M.)	Rio-de-Janeiro	34
Guimaraes et Valanti	Pernambuco	72
Guimaraes et Amorim	Pernambuco	28

H

NOMS	VILLES ET PROVINCES	CLASSES
Hancox (Joseph)	Rio-de-Janeiro	63
Heliodoro (Jocelino)	Diamantina (Minas Geraes)	45
Henrique (Joaq.)	Diamantina (Minas Geraes)	45

I

NOMS	VILLES ET PROVINCES	CLASSES
Iguape	Iguape	72
Institut fluminense d'agriculture	Rio-de-Janeiro	42
—	—	45
—	—	72
Instituto historico geographico (d Brazil)	Rio-de-Janeiro	9

NOMS	VILLES ET PROVINCES	CLASSES
IPORANGA (Baron de).	Rio-de-Janeiro	72
ITEKEL (Frederic-Antonio)	Rio-de-Janeiro.	10

J

NOMS	VILLES ET PROVINCES	CLASSES
JACQUES (Claude-Jeremias).	Rio-de-Janeiro.	73
JARDIM (Dr Catão Gomes).	Diamantina (Minas Geraes	45
JORDAO (J. K. de F.).	Rio-de-Janeiro	7
JORDAO (Mirando)	Espirito Santo.	42
JOVIANANO (F. de M.)	Pernambuco.	72
JULIO ET IRMAO	Pernambuco.	42
—	—	43

K

NOMS	VILLES ET PROVINCES	CLASSES
KALEISON (Isaac)	Victoria (Espirito Santo)	44
KÉALEVORT (Isaac).	Espirito Santo.	45
KOTH (J. G.)	Rio-Grande do Sul.	72
—	—	73
KRAMER (E.)	Santa Catharina.	19
KRUES (Augusto)	Pernambuco.	73
KUHM (Leonard).	Pernambuco	72
—	—	73
LACERDA et Cⁱ.	Rio-de-Janeiro	43
—	—	72
LAMBERT (Virgilio)	San Leopoldina.	33
—	—	44
LANATTI (J. B.).	Pernambuco.	44
—	—	73
LANGEROCK.	Rio-de-Janeiro.	11
LÉAL (Mᵐᵉ).	Rio-de-Janeiro	7
LÉAL (Thomaz d'A. C.)	Pernambuco	10
—	—	49
LÉAL (Irmaos).	—	42
LÉAL (Basilio Emilio dos Santos	Riacho Espirito Santo	42
—	—	44
—	—	73
LEIVAS (Ant.	Rio-de-Janeiro.	45
LEMOS (Ant.	Pernambuco	73
LEOPOLDINA (Baron de).	Minas Geraes.	72
LEPAGE (José).	Barbacena Min. Geraes	42

NOMS	VILLES ET PROVINCES	CLASSES
LEPAGE (José) *(Suite)*	Barbacena Min. Geraes	44
—	—	72
LEUZINGER et fils	Rio-de-Janeiro	9
—	—	10
—	—	11
LIGUORI	Pernambuco	5
LIMA et fils	Pernambuco	44
LIMA (F. J.)	Para	72
LIMA (A.-Franklin)	Ceara	44
LINDERMANN	Bahia	12
LINS (Arthur-Luciano)	Manáos	1
LINS (Thouaz C. S.)	Pernambuco	67
LINS (C. da S.)	—	72
LION et fille	Rio-de-Janeiro	36
LOGOS et Cᵉ	—	73
LOMBAERTS et Cᵉ (H.)	—	5
—	—	9
—	—	10
—	—	11
LOPEZ et Cᵉ (Virgilio)	Pernambuco	45
LOPEZ (J. Fernandez)	—	34
—	—	65
LOPEZ (Joao)	Pernambuco	42
—	—	43
—	—	72
LYCÉE DES ARTS ET MÉTIERS	Rio-de-Janeiro	7

M

NOMS	VILLES ET PROVINCES	CLASSES
MACAHUBAS (Baron de)	Rio-de-Janeiro	6
—	—	7
—	—	9
MACHADO (Frᵒ dos Santos)	Victoria Espir. Santo	42
—	—	44
—	Serra	42
MACK (H.)	Rio-de-Janeiro	72
—	—	73
MAFRA (Claudina)	—	34
MAFRA (Joao)	Santa Catharina	67
MAGALHAES (J. de)	Serra (Minas Geraes)	45
MAIA (Joao de)	Aymores	42
MAIA et C. (A. J.)	Pernambuco	36

NOMS	VILLES ET PROVINCES	CLASSES
MAIA et C. (F.-A. Azevedo)	Pernambuco	36
—	—	41
—	—	42
—	—	72
MAIA SOBRINHO et C.	—	29
MAIA (Xavier J. A.)	—	73
MAIA (Joao)	Espirito Santo	42
—	—	44
MAIA Joao Teixeira)	Victoria (Espir. Santo)	42
—	—	82
MAISON DES EXPOSÉS	Pernambuco	29
—	—	34
MALTA (Bernardino)	Victoria (Espir. Santo)	42
MAMEDE (Cat.)	Ceara	44
—	—	45
—	—	72
MARANHAO (J.-J.-D.)	Pernambuco	72
MARCHE (José)	Santa Catharina	67
MARIA (Ignacio-Joseph)	Espirito Santo	44
MARINHO (Manoel)	Rio-de-Janeiro	39
MARQUES DE HOLLANDA	Rio-de-Janeiro	45
—	—	72
MARQUES (Manoel-Pedro)	Victoria (Espirito Santo)	72
MARTINS (A.-J.)	Rio-de-Janeiro	52
MARTINS (José)	Rio-de-Janeiro	61
MARTINS (Manoel-José)	Rio-de-Janeiro	17
MARTINS-GUERRA (D.-Domingos)	Itabira	41
—	—	44
MARTOS (Manoel)	Pernambuco	72
MASSA (J. de X.)	Rio-de-Janeiro	7
MATTOS (João-F. de)	Pernambuco	60
MEDEIROS (Lopes de)	Gouvea	45
MEIRELLES (Victor)	Rio-de-Janeiro	1
MEIRELLES (Victor) et LANGEROCK	Rio-de-Janeiro	11
MELLO (F.-J.)	Pernambuco	72
MELLO (José-R. de)	Pernambuco	20
MELLO (L.-F.)	Pernambuco	67
MELLO (Tobias-E.-F. de)	Rio-de-Janeiro	72
MENDÈS FERREIRA (Vicente)	Minas Geraes	72
MENIER (Gaston)	Paris	43
MESSARD-J. DEVELLY	Rio-de-Janeiro	39

NOMS	VILLES ET PROVINCES	CLASSES
Michel (V.-C.).	Rio Grande.	70
—	—	71
Milfede.	Santa Catharina.	67
Minas de Tubarao.	Santa Catharina.	41
Moreira Carvalho et Cⁱᵉ	Rio-de-Janeiro	17
—	Rio-de-Janeiro	25
—	—	52
Moreira da Costa.	Diamantina.	48
Moreira da Silva (Seraphin).	Diamantina.	41
Motta (Jean-Xavier da)	San Paulo	72
Motta (C.)	Espirito Santo.	72
Moura (Flora).	Pernambuco	34
Moura (Joanna)	Pernambuco	34
Museum National	Rio-de-Janeiro	39
—	—	41
N		
Nascimento (João Azevedo)	Espirito Santo	45
Néry (Mᵐᵉ de Santa Anna)	Paris.	43
Néry (F.-J. de Santa Anna)	Paris.	8
Nicholson et Ferreira.	Campinas.	12
Néves (José de S.).	Gouvea.	42
Nogueira (J.)	Rio-de-Janeiro	72
Nougues (Vᵉ)	Para	63
Novaes (Campos).	Victoria	42
—	—	43
—	—	44
O		
Observatoire Impérial.	Rio-de-Janeiro	9
Oliveira (F. d').	Rio-de-Janeiro	7
Oliveira et Gendre	Parana.	72
Oliveira (J.-M.-P.)	Rio-de-Janeiro	36
Oliveira et Cⁱᵉ.	Pernambuco.	72
Oliveira et Irmaos	Pernambuco.	72
Orlando Barros.	Pernambuco.	72
Orphelina d'Olinda	Pernambuco.	29
Ortiz et Pardal	Rio-de-Janeiro	7
Ottoni (C.-B.).	Rio-de-Janeiro	7
Ouro Preto Gold Mine Lᵈ (The)	Sabara	41
Michel (Alfredo).	Rio-de-Janeiro	51

NOMS	VILLES ET PROVINCES	CLASSES
P		
Paiva (Pedro)	Rio-de-Janeiro	44
Pamplena (Maria)	Ceará	72
Papoula et Cie	Pernambuco	35
Parana (Sebastião)	Rio-de-Janeiro	7
Passos (L. P. dos)	Rio-de-Janeiro	42
Passos (F. Roiz dos)	S. Leopoldina	42
Pazos (J.-H.)	Rio-de-Janeiro	15
Penna frères et Cie	Santa Barbara	41
Perdigao-Oliveira (Francisco)	Ceara	73
Pereira (Ant. Rib.)	Passo Quatro (Minas)	44
Pereira (J. Alves)	Diamantina (Minas)	45
Pereira (Ant. Dionisio)	Minas	72
Pereira (Cotrim-Antonᵒ)	Bahia	72
Pereira-Ramos (Joaq.-Francisco)	Benevento (Es. Santo)	72
Pereira-Romares (Joaq.)	Rio-de-Janeiro	72
Pharmacia-Pinho	Pernambuco	45
Philippe (Guilherme)	Santa Catharina	67
—	—	72
Pimenta (João)	Minas	57
—	—	72
Pimenta de Curralinho	Diamantina	72
—	—	28
Pinheiro-Requiao	Bahia	36
Pinho J. J.	Rio-de-Janeiro	25
Pinto (A. M.)	—	7
Pinto et Cie (José)	Pernambuco	7
Pinto-Alves et Cie	—	67
—	—	72
Pinto-Gouvea (Benjamin)	Rio-de-Janeiro	24
—	—	52
—	—	64
—	—	72
Pinto de Nascimento (Gustavo)	S. Leopoldinia	72
—	—	41
Pinto-Netto et fils	Victoria	72
Pinto de Oliveira	—	72
Pinto-Pessoa (Isabelle)	Pernambuco	67
—	—	73
Porto-d'Oliveira (Augusto)	Minas	44

NOMS	VILLES ET PROVINCES	CLASSES
Prado (Caio da Silva)	Ceará.	72
—	—	42
R		
Ramires (M.)	Rio-de-Janeiro. . . .	14
Reis et Santos	Pernambuco.	45
—	—	60
Rezende (Francisco de)	Rio-de-Janeiro. . .	10
—	— . . .	41
Rezende (María de)	Rio-de-Janeiro. . .	33
—	— . . .	45
Reynaud	Rio-de-Janeiro. . .	72
Rheinart-Barth.	Rio-de-Janeiro . . .	44
—	— . . .	72
Ribas (Carlos-José).	Minas	44
—	—	72
Ribas-Gouvea.	—	72
Ribeiro (A.-José)	Rio-de-Janeiro. . . .	17
—	—	72
Ribeiro (João).	—	7
Ribeiro (Hilario)	—	7
Ribeiro (Antonio-Fernandez)	Rio-de-Janeiro. . . .	36
Ribeiro (Antonio S.).	Pernambuco.	74
Ribeiro (C. João).	Victoria.	82
Ribeiro-Avellar (J. Gomes).	Rio-de-Janeiro . . .	72
Ribeiro de Novaes	Bahia	72
Ribeiro (Auguste)	Rio Grande.	72
Ribeiro-Souza-Rezende	São Paulo.	72
Rio-Janeiro, Flour-Mills et Granaries, C. L. (the).	Rio-de-Janeiro. . . .	72
Robin (Paul et Cie)	—	5
—	—	11
—	—	15
Rocha (J. J. da)	Rio-de-Janeiro. . . .	7
Rocha (J. J. da)	Tabua	42
—	—	45
Rocha (Antonio José da)	San Paulo	36
Rodrigo-Carvalho.	Pernambuco.	72
Rodrigues (Mig. Ignacio)	Rio-de-Janeiro. . . .	72
Rœder (Gustave)	Rio-de-Janeiro. . . .	30
Roiz-Viotti (Domingos)	Baependy.	41

NOMS	VILLES ET PROVINCES	CLASSES
Rosa (Antonio-Santa)	Victoria	45
Rosa (Man. Pinto d'Alvarenga)	Victoria	42
Roulina (Ch.)	Paris	41
Rouquayrol, frères	Pernambuco	45
—	—	72
Rouquayrol (H.)	Santa Catharina	45
Rousseau (Paul)	Paris	41
Rudolf (R.)	Santa Catharina	45
—	—	67

S

NOMS	VILLES ET PROVINCES	CLASSES
Sa (F. de)	Maranhão	8
Sa (de)	Diamantina	45
Sa (José Dias de)	Minas Geraes	72
Sa (Manoel Ferreira de A.)	Rio Mauzo	42
Saboia (Baron de)	Rio-de-Janeiro	8
Saboias	Ceara	72
Sabino (D')	Pernambuco	45
Saigueiral (Joaquim)	Pernambuco	72
Saint-Denis (Emile de)	Rio-de-Janeiro	47
Samico (E.)	Pernambuco	28
Sampaio (Gomes de Azevedo)	Rio-de-Janeiro	45
Santa Anna Néry (Mᵐᵉ de)	Paris	43
Santa Anna Néry	Paris	8
Sanalto	Pernambuco	72
Santiago (Alice)	Pernambuco	1
Santos (José-Americo)	Pernambuco	9
—	—	44
Santos (José A. dos)	Pernambuco	42
Santos (José-Félicio dos)	Minas	72
Santos (Machado-Félicio dos)	Serra	72
Santos et Cⁱᵉ	Pernambuco	44
Santos (Martinho dos)	Victoria	42
Santos Carvalhaes (João dos)	Bahia	72
Santos (Irmão)	Pernambuco	44
Santos Réal (Bas. Em. dos)	Riacho (Espirito Santo)	72
Sardinha	Rio-de-Janeiro	10
—	—	45
Sarmento (J. Pedro Roiz)	Rio-de-Janeiro	44

NOMS	VILLES ET PROVINCES	CLASSES
SARMENTO (Rodriguez)..	Passo Quatro (Minas).	44
SASTRÉ (Henrique).	Saô-Paulo	19
SATURNINO DE VEGA (Bernardo).	Santa Catharina. . .	72
SAUVAGE.	Rio-de-Janeiro . . .	4
SCHEFFER (Guilherme)	Santa Catharina. . .	44
—	— . . .	72
SCHMIDT.	Santa Catharina. . .	69
SCHRISTMEYER (João-Adolfo).	Saô-Paulo	36
SEGRETIN (Irmãos)	Rio-de-Janeiro . . .	17
SELVA (Theodosio. S.).	Pernambuco	45
SENA (José da Costa).	Ouro-Preto	45
SENA (José da Costa).	Serra (Minas). . . .	44
SERANO (Getulio).	Guarapary (Espirito	
	Santo)	44
SERRO.	Minas	72
SILVA (Estevão da).	Rio-de-Janeiro . . .	1
SILVA (José Dias da).	Pernambuco	72
SILVA (J.-B. C.).	Pernambuco	45
SILVA (Braz da C.).	Pernambuco	8
—	—	42
—	—	45
—	—	67
—	—	72
SILVA (Henrique de)	Continho (Espirito	
	Santo)	72
SILVA (Joséphino)..	Diamantina(Mina s) .	45
SILVA (R. da)..	Serra (Minas). . . .	44
—	— . . .	45
SILVA (A.-G. da).	Pernambuco	72
—	—	73
SILVA (F. da)	Diamantina	44
SILVA et Cie (Rodrig. da).	Victoria	72
SILVA et FERNANDEZ (Gonçalves da).. . . .	Rio-de-Janeiro. . . .	44
SILVA et PINA.	Rio-de-Janeiro . . .	44
SILVEIRA (Castano).	Santa Catharina. . .	67
SILVEIRA BARBOZA et Cie..	Minas.	72
SILVEIRA (C.-V. da)..	Pernambuco	36
SILVEIRA LINS.	Rio-de-Janeiro . . .	72
SOCIÉTÉ ESPIRITO SANTENSE D'IMMIGRATION.	Espirito Santo . . .	42
SOCIÉTÉ ESPIRITO SANTENSE D'IMMIGRATION.	Victoria	42
SOCIÉTÉ ESPIRITO SANTENSE D'IMMIGRATION.	Cachoceira d'Haperim	72
SOCIÉTÉ ESHIRITO SANTENSE D'IMMIGRATION.	Timbahy	72

NOMS	VILLES ET PROVINCES	CLASSES
Société Espirito Santense d'Immigration.	Santa Léopoldina . .	72
Société Espirito Santense d'Immigration.	Vista Alègre (Santa Léopoldina). . . .	72
Société Espirito Santense d'Immigration.	Rio-da-Prata (Tambahy	72
Société Espirito Santense d'Immigration.	Petropolis	72
Société Espirito Santense d'Immigration.	Rio-da-Farniha . . .	72
Société de Géographie	Rio-de-Janeiro . . .	8
Souza (Ménézes).	Rio-de-Janeiro . . .	29
Souza (Quintanilla et Cie).	Parà.	42
Souza Pimenta	Rio-de-Janeiro . . .	41
—	— . . .	72
Steckel (Fred.-Antonio)	Rio-de-Janeiro . . .	10
—	— . . .	41
—	— . . .	72

T

NOMS	VILLES ET PROVINCES	CLASSES
Tagarro (F.).	Espirito Santo . . .	71
Tagarro (F.;	Victoria	42
—	—	44
—	—	72
Tagarro (F. da Rocha).	Espirito Santo. . . .	45
Tavares Souza (Ignacio).	Rio-de-Janeiro . . .	18
— —	—	20
—	—	29
Tayoba (Joaquim).	Gouvea.	45
Tegano (F.).	Victoria	42
Teixeira (João-Martins)	Rio-de-Janeiro. . . .	7
Teixeira (F. dos Santos).	Rio-de-Janeiro . . .	11
— —	— . . .	42
Teixeira (Augusto).	Rio-de-Janeiro. . . .	11
Teixeira et Lemvig Fog	Rio-de-Janeiro . . .	45
Torres (F.-Martins)	Rio-de-Janeiro. . . .	56
Trevas J.-M.).	Pernambuco	45
Tribouillet (H).	Rio-de-Janeiro. . . .	14

U

NOMS	VILLES ET PROVINCES	CLASSES
Usine Pinto.	Pernambuco	72
Usine Bambuzal.	Pernambuco	72
Usine Bandeira.	Pernambuco	72
Usine Manhuassu	Pernambuco	72

NOMS	VILLES ET PROVINCES	CLASSES
Usine Philionia.	Pernambuco	72
Usine S. Antonio	Rio-de-Janeiro. . . .	72
V		
Val (José)	Pernambuco	45
Vasconcellos (E.-J.)	Serro.	45
Veiga (B. Saturnino de).	Lambary	41
— —	—	73
Vera Cruz	Pernambuco	2
Veras (A.-M.).	Pernambuco	28
—	—	45
Vicente (Gomes).	Espirito Santo. . . .	45
Victoria (Th.-José da)	S. Leopoldina. . . .	42
Vieira (Menezes)	Rio-de-Janeiro . . .	7
Victorino (S.-C.)	Pernambuco	72
Vieira (Virgilio).	Diamantina.	45
Vierias (M.-J.)	Pernambuco	45
Viotti (Dom.-Roiz)	Baependy.	72
— —	—	73
W		
Wetzel et Cie.	Riacho (Esp. Santo) .	72
Wilkens (C.)	Bahia	45
Wilmot et Cie (Clemente H.)	Saõ-Paulo.	30
— —	—	31
— —	—	32
X		
Xavier (Thereza)	Rio-de-Janeiro. . . .	33
Z		
Zaluar (A.-F.)	Rio-de-Janeiro . . .	7

IMPRIMERIE CENTRALE DES CHEMINS DE FER. — IMPRIMERIE CHAIX,
RUE BERGÈRE, 20, PARIS. — 12630-6-9.